EPISODIOS DE LA HISTORIA DE MÉXICO

TOMO I

EPISODIOS DE LA HISTORIA DE MÉXICO

TOMO I

Prólogo
Pedro César Beas

𝕏 @h_mexicana

◎ @h_mexicana

historiografiamexicana.com

HISTORIOGRAFÍA MEXICANA A. C.

Cristina Vázquez Vela
Gabriela Gómez Audiffred
Pedro César Beas

Primera edición: 2023
Historiografía Mexicana A. C.
contacto@historiografiamexicana.com

Este libro tiene como finalidad la divulgación de la historia de México. Los fragmentos transcritos en los episodios (1-100) no son autoría de Historiografía Mexicana A. C.; los créditos correspondientes los encontrará al calce de cada capítulo.

ÍNDICE

A MODO DE PRÓLOGO: DATOS PARA UNA HISTORIA
PEDRO CÉSAR BEAS

I. Origen

Hay quienes afirman que subrayar las páginas de un libro no es más que un capricho, un sinsentido, una suerte de maltrato al preciado objeto. Dicen que don Luis González y González, uno de los más respetados historiadores de México, rara vez anotaba algo en las páginas de su enorme colección de títulos; y si lo hacía, era a lápiz, tímidamente. Motivos para no hacerlo, don Luis debió tener muchos, aunque los desconozco. Quienes no subrayan sus libros, dicen que lo evitan por amor y respeto, por el placer que les produce ver un ejemplar sin mancha, intacto, inmaculado. Quienes tenemos la manía de subrayar cuanta página nos pasa por enfrente, nos justificamos diciendo que lo hacemos para recordar, para regresar al texto y releer. Tachar, hacer anotaciones al borde, escribir en los márgenes, encerrar en un círculo el número de página, palomear una palabra, enmarcar un párrafo, pintar una flecha aquí y otra allá, responde a la necesidad de interactuar con la obra, al goce que significa pasar de ser un simple espectador a participar de ella. Al subrayar nos apropiamos del texto, plasmamos nuestra huella de lector activo y trazamos un mapa. Y sí, es esta también una forma de amar y respetar a los libros.

Desde luego que los únicos libros que subrayo son los míos; no podría con la vergüenza de ser acusado por *daños en propiedad ajena*. A grandes rasgos, mi modesta pero muy querida biblioteca personal gira en torno a dos ejes temáticos: títulos que dan cuenta de la historia del jazz, y ejemplares sobre la historia de México. Los primeros me guiaron durante más de una década para conducir un programa de radio dedicado a la música improvisada; los segundos me acompañaron en estudios académicos. Sobra decir que, tanto los unos como los otros, están plagados de anotaciones y subrayados, de frases y líneas mal trazadas que a la distancia intento y disfruto descifrar.

El acto hedonista de reconocerse –o desconocerse– en las páginas subrayadas, sólo es superado por una actividad menos íntima: la de compartir lo leído. Así, una noche, de golpe, mientras releía algunos libros me encontré frente a un mar de preguntas: ¿Por qué subrayo? ¿Para quién? ¿Me dará tiempo la vida para releer todas mis anotaciones? ¿Qué sentido tiene resaltar un párrafo, enmarcar una palabra o pintar un asterisco, si lo más probable es que el libro termine apilado durante años en los estantes del librero? No logré responderme de inmediato y, por el contrario, me embistió una nueva pregunta, un cuestionamiento aún mayor: ¿Qué puedo hacer para compartir el regocijo que me significaron esas lecturas?

Entonces, como si se tratara de las piezas de un tesoro desperdigado, busqué subrayados y viejas anotaciones en mis libros de historia. Aparecieron en diarios, crónicas, memorias, diálogos epistolares, entrevistas, discursos, textos periodísticos y académicos. Y las preguntas me asaltaron de nuevo: ¿Cómo compartir mis libros? ¿Cómo divulgar escritos históricos si la mayoría de los lectores rehúye al texto árido, pesado, repleto de fechas y excesivas notas al pie?

Pasaron los días y las respuestas llegaron. «Si la intención es socializar la historia –me dije-, habré de refugiarme en la seguridad de lo conocido: la radio, el micrófono, la palabra hablada». Pero había que adecuarse a los tiempos y apostar por las nuevas tecnologías: sustituir el programa radiofónico por un pódcast, lanzar un sitio web, diseminar contenido en redes sociales y crear una comunidad ávida por conocer la historia de México. En pocas palabras, con terquedad y empeño dar vida a una plataforma digital de divulgación; una tarea titánica que exige más de dos manos obstinadas y afanosas.

No necesité preguntarme quiénes podrían ser mis compañeros de viaje, quiénes podrían estar interesados en poner al alcance de los demás nuestra historia; lo tenía claro: mis colegas y amigos historiadores. Al final, Cristina y Gabriela, grandes lectoras y apasionadas de Clío, subieron conmigo al barco de la divulgación. Con solo tres tripulantes, Historiografía Mexicana zarpaba en 2018. Nuestro faro: la historia de México y sus libros.

II. Faena

Como divulgadores el desafío está en evitar el naufragio en un mar de datos. No se trata de juntar y ensamblar reliquias, ni de enumerar fechas y nombres. Estamos convencidos de que la forma de presentar la historia es tan importante como la historia misma. Por ello leemos en voz alta materiales que invitan a la reflexión y no a la memorización. Nos interesa compartir una historia viva, un pasado que dé sentido al presente. Estamos aquí para divulgar textos que regalen una experiencia emocionante y enriquecedora.

Como quien visita una librería y recorre sus anaqueles con la esperanza de ser sorprendido por un hallazgo, el lector/oyente del pódcast Historiografía Mexicana se encuentra frente a un mosaico de materiales que dan cuenta del devenir histórico de México. Descubre por igual textos historiográficos que fuentes para la historia. A un clic de distancia tiene la opción de escuchar fragmentos de diarios y memorias; descubrir escritos que analizan la función y utilidad de estudiar el pasado; develar la vida cotidiana de otros tiempos; y lo más importante, la posibilidad de entenderse a sí mismo a través del memorioso registro de sus antepasados.

III. Memoria

El libro que tiene en sus manos, amable lector, es el fruto del esfuerzo de este pequeño equipo de tres divulgadores, interesados en propagar el gusto por la lectura y el conocimiento de la historia nacional. Descubrirá en él fragmentos y subrayados de los primeros 100 episodios del pódcast Historiografía Mexicana, todos ellos previamente leídos y comentados en nuestra plataforma digital de divulgación. Encontrará discursos políticos, entradas de diarios íntimos, ensayos sobre la democracia y la libertad, intercambios epistolares, crónicas de viajeros extranjeros que pisaron suelo mexicano, memorias de presidentes, filosos materiales satíricos, entrevistas a historiadores, relatos sobre la vida pueblerina, y un larguísimo etcétera.

Sirva este libro como una guía de lecturas para ensanchar su visión de la historia de México, como una invitación a descubrir antiguos textos que aún tienen mucho qué contarle. La selección de materiales que le presentamos en este primer tomo, y en nuestro pódcast, tiene como objetivo despertar en unos el entusiasmo por la historia de México; en otros, afianzarlo. Estamos convencidos de que el estudio del pasado es clave para entender el presente. Pretendemos divulgar una historia sin dogmatismos y visiones maniqueas. De así lograrlo, habremos cumplido con nuestro objetivo.

Por último, no olvide subrayar a placer las páginas de este libro.

Escanee para escuchar el prólogo

HISTORIOGRAFÍA MEXICANA A. C.

Cristina Vázquez Vela
Gabriela Gómez Audiffred
Pedro César Beas

«El oficio de historiador exige una curiosidad hacia el conocimiento del otro, una disposición para el asombro, una apertura a lo diferente, y una práctica de la tolerancia».

La función social del historiador, Enrique Florescano

ADVERTENCIA

Este tomo recoge solo algunos fragmentos de las lecturas en voz alta del pódcast Historiografía Mexicana. Si está interesado en conocer los comentarios introductorios a cada episodio y los textos de forma íntegra, le invitamos a escanear los códigos QR que encontrará a lo largo del libro.

EP. 1: DISCURSO DEL DÍA DEL MAESTRO
JOSÉ VASCONCELOS

Yo vine a este puesto de jefe de la educación nacional por uno de esos azares de nuestra política. Como todo el que ha recorrido mundo, traía en el corazón cenizas y en la cabeza algunos planes. La larga ausencia me había dejado sin compromisos ni alianzas. Y salvo uno que otro afecto antiguo, me hallé como si volviera a nacer en un medio conocido antaño. Al mismo tiempo, mi antigua vida me había hecho inepto para encenderme en las llamas del afecto personal, lo que me hizo poner mi ardimiento entero en la empresa colectiva que hemos ensayado, de educar a un pueblo.

El buen maestro, aunque carezca de fe, ha de inspirarse en una especie de sentido de limpieza, que condena la mentira y repudia la maldad. Y ya sea fríamente, con la fría lucidez implacable de un gran dolor o con el cálido entusiasmo de una pasión radiante, el maestro tiene que ponerse a revisar todos los valores sociales, tiene que retroceder a los comienzos, tiene que desgarrar la historia, para rehacerla, como va a rehacer a la sociedad. Rehacer la moral, rehacer la historia, sólo así podrá evitarse que los niños de hoy repitan mañana las historias del día.

En este Día del Maestro que es una de las fiestas más puras del calendario oficial, dediquemos un recuerdo de afecto a todos los que en cualquier época y cualquiera que sea su sangre y origen, hayan dejado una huella benéfica, una obra, un servicio, en este suelo desventurado. Levantaremos así el ánimo público a la contemplación de los valores auténticos, y haremos de la escuela un refugio ideal de la verdad y del bien.

Escanee para escuchar el episodio.

Vasconcelos, J. (2005). Discurso del Día del Maestro. *Revista Historia de la Educación Latinoamericana*, Vol. 7.

EP. 2: DEMOCRACIA Y LIBERTAD
IGNACIO MANUEL ALTAMIRANO

Sagrada noche es ésta, conciudadanos, sagrada noche porque en ella los tribunos del pueblo no sólo tienen la misión de narrar la gloriosa epopeya de nuestra insurrección como los rapsodistas antiguos y los trovadores de la Edad Media, sino ·principalmente la de hablar en nombre de ese mismo pueblo, de manifestar sus dolores, de dar cuenta de sus sacrificios y de ponerse a la altura de sus deseos.

Yo puedo hablar en su nombre, porque me identifico con él, porque traigo en mi corazón todas sus penas, todos sus desengaños, toda su indignación, todo el sentimiento de su fuerza. Porque yo soy un verdadero hombre del pueblo, descendiente de veinte razas desgraciadas, que me han legado, juntamente con su amor a la libertad, todos los dolores de su antigua humillación.

Y ése es el destino, ésa es la tendencia de la civilización, ése es el porvenir de la humanidad: ¡la democracia! Pero queriendo ser demócrata, repito, ¡cuánto ha sufrido el pueblo mexicano! ¡Qué sacrificios los suyos! El pueblo ha sacrificado su dignidad soberana por muchos siglos, las ardientes lágrimas de su vergüenza y después sus intereses más preciosos y sus más heroicos hijos.

¡Cuidado!, no todos los tiempos han de ser como éstos; el cáliz de la paciencia popular rebosa y […] el pueblo iracundo podría ir algún día a las viejas catedrales a pisotear sus ídolos paganos y a acuchillar a sus pontífices traidores.

El Siglo XIX no es el siglo XV: la Francia nos enseñó el camino en 93, y su ejemplo contagia al mundo ya: El pueblo hace temblar al Papa en el Vaticano: el viejo catolicismo de frailes agoniza.

[23]

Escanee para escuchar el episodio.

Altamirano, I. M. (2012). *Democracia y libertad*. Discurso ofrecido en el Teatro Nacional de México, el 15 de septiembre de 1861. México: Cámara de Diputados.

EP. 3: PÁGINAS ÍNTIMAS [1868-1873]

IGNACIO MANUEL ALTAMIRANO

El cielo está nublado. Mi alma eternamente triste. ¡Paso la vida pensando en nada! Ni un pensamiento fecundo brota de mi alma, ni un sentimiento grande y poderoso agita mi corazón. Voy dejando de ser joven. Tengo treinta y cuatro años, seis meses y diez y nueve días. Estoy gastado.

Estoy pobre porque no he querido robar. Otros me ven desde lo alto de sus carruajes tirados por frisones, pero me ven con vergüenza. Yo los veo desde lo alto de mi honradez y de mi legítimo orgullo. Siempre va más alto el que camina sin remordimientos y sin manchas. Esta consideración es la única que puede endulzar el cáliz porque es muy amargo.

El 15 de diciembre me batí en duelo con un joven muy valiente y caballeroso, Pedro Peón y Regil [...]. Si hubiese propuesto la pistola, había yo resuelto no disparar, pues en el duelo mis ideas son no rehusar nunca uno, ni dejar de provocarlo cuando sea preciso; pero jamás exponerme al remordimiento de haber matado a un hombre, de modo que nunca esquivaré la muerte, pero no la daré jamás. Estas son mis ideas, quizá de manías raras; pero que son mi dogma.

Amo la libertad y no la encuentro, no siendo los hombres que me rodean más que déspotas o esclavos. Amo la ciencia y la veo desconocida y calumniada por pedantes o despreciada por imbéciles. Amo la moral y no veo más que católicos infames y especuladores, predicando la mentira, explotando la imbecilidad de los pueblos. Amo la literatura y veo que la miseria la hace imposible. Tengo sed de amor... y el corazón me hiela. Todo se acabó.

Escanee para escuchar el episodio.

Altamirano, I. M. (1969). Páginas Íntimas. *Revista de la Universidad de México*.

EP. 4: MEMORIAS. UNA VIDA AZAROSA, NOVELESCA...
GONZALO N. SANTOS

Así llegué hasta los doce años de edad. Ya para entonces era un buen lazador, un vaquerito muy regular, muy arriesgado y usaba bajo la pierna una carabina 32-20 de ocho cartuchos y balas de plomo.

Los años que asistí a la escuela los pasé batallando con los hijos de los porfiristas, pues era una verdadera fobia la que las autoridades tenían por mis familiares, y ésta se reflejaba en los hijos de uno y otro bando. [...] Muchos de los alumnos, naturalmente, eran mayores y más fuertes que yo, y como no podía llevar la carabina ni la pistola a la escuela, me vi precisado a portar siempre dos navajas, una en la bolsa y otra escondida bajo la camisa o en el zapato, para que cuando me denunciaran y el maestro me quitara una, siempre quedara armado.

Cierta ocasión, en un día de campo de la escuela, [...] el Pepitoria, sin motivo alguno, en la forma más traicionera, por la espalda, me pegó un terrible cañazo en el cerebro que me hizo rodar y perder el sentido unos momentos. [...] Cuando desperté pregunté quién me había atacado a traición. Nadie dijo una palabra, pero me dirigí al Pepitoria y le dije: «Fuiste tú y no se te olvide, porque a mí nunca se me va a olvidar». [...] Años después, en plena Revolución, cuando lo encontré en Tehuantepec, Oaxaca, siendo él huertista y yo capitán constitucionalista, le di tal «desmayada» que nunca más volvió a comer tortilla. Esa desmayada se la di con una pistola 44-40 de balas expansivas, sucedió cinco años después del cañazo que me dio a traición. Yo, en cambio, lo maté de frente en plena plaza de Tehuantepec, como a las diez de la mañana.

Escanee para escuchar el episodio.

Santos, G. N. (1986). *Memorias.* México: Editorial Grijalbo.

EP. 5: TREMENDOS IDEALISTAS TRÁGICOS
FRANCISCO BULNES

En nuestra patria, los idealistas han sido abundantes, pero no demasiado perniciosos, porque nunca habíamos tenido un jefe de Estado idealista hasta la fatídica aparición de don Francisco I. Madero.

Madero murió como debía morir, como murió Luis XVI, como mueren todos aquellos que se colocan, no entre «la espada y la pared», sino entre la espada y la otra espada, procurando que ambas los ensarten.

Esta patraña era el «idealismo» falso de todos los caudillos, baboseado como biberón de aguardiente en los cuarteles; y con el respectivo desprestigio a cien años de pruebas satisfactorias de la ineptitud del pueblo mexicano para la democracia.

Si Madero triunfaba, no volvería a haber en la Nación pobres, ni enfermos, ni tontos, ni feos, ni muertos, ni viejos, ni melancólicos, ni humanos sin disfrutar de dicha infinita. Jamás se había visto una propaganda más estúpida acogida con mayor frenesí; lo que explica ese mes horrible, en que resonó el grito de "¡Viva Madero!", repetido a cada minuto, día y noche, por cada pobre esperando la bienaventuranza eterna. Al sentirse divinizado, Madero no dudó ser más popular que la Virgen de Guadalupe, y que su destino evidente e inmediato era ser en el siglo XX un dictador hebreo que separase a su voluntad las aguas del mar Rojo, como Moisés, o que detuvise el curso del sol como Josué. Tal fue el idealismo de Madero.

Madero, imitando a Luis XVI, cayó en la fosa que él mismo había cavado.

Escanee para escuchar el episodio.

Bulnes, F. (1968). Páginas escogidas. México: UNAM.

EP. 6: DESESPAÑOLIZACIÓN
IGNACIO RAMÍREZ, EL NIGROMANTE

Renegamos los mexicanos de la patria de Ud., Sr. Castelar, del mismo modo y por las mismas razones que Ud. reniega de ella. ¡Henos aquí fieles a sus inspiraciones!

¿Qué monumento pusieron esas gentes sobre el mundo cuando lo tuvieron en sus manos? la hoguera de la Inquisición; y lo dejaron caer, fatigados por su peso.

Reniega Ud., confiéselo, de esa nación generosa, que tantos timbres tiene en su historia, tantos fulgores en su civilización. La España que Ud. ama, no existe ni ha existido jamás; el talento de Ud. la engendra en su alma democrática; la ve Ud. en el porvenir, la dota Ud. con las prendas de su propio carácter; la adorna con los timbres que descubre en las naciones más gloriosas, y se deslumbra Ud. con los fulgores de la civilización que le desea; pero entretanto, para sus paisanos, Ud. no es más que el D. Quijote del progreso.

La electricidad, el vapor, la imprenta, lo mismo hablan, se deslizan, vuelan cuando se lo pide un español que cuando se lo demanda un azteca; para entenderse no es necesario hablar castellano; los que vieron en Babel confundidas, extraviadas sus lenguas, han recobrado la voz y emprenden de nuevo la conclusión de la torre prodigiosa, el escalamiento del cielo.

Los americanos comprendemos a Ud. más que los españoles, más lo amamos, más lo admiramos; aquí hasta el bello sexo le consagra a Ud. sus miradas y simpatías; [...] venga Ud. amigo nuestro, donde no faltarán olivas y laureles para su frente; en España lo espera a Ud. el cura de su parroquia para negarle un sepulcro. [...] aquí en México es, desde hace tiempo, uno de nuestros hermanos.

Escanee para escuchar el episodio.

Ramírez, I. (1865). Desespañolización. *La Insurrección.*

EP. 7: APATÍA
FRANCISCO ZARCO

La vida de las naciones no se cuenta como la de los individuos, y pocas veces una generación tiene el placer de ver realizadas todas sus esperanzas, de encontrar buen éxito en todas sus empresas. Se trabaja para el porvenir, y este trabajo es grato, porque el amor a la patria no es sólo del tiempo que vivimos: se extiende a las edades futuras, y es muy lisonjera la idea de que el país en que se vio la luz primera llegue a ser grande y feliz, aun cuando para ello se necesite el transcurso de un crecido número de años.

———————————————

Sin embargo, hay épocas de prueba en que se apura la amargura, en que casi se extingue la esperanza, en que el espíritu se desanima y en que los pueblos, cansados de revueltas y promesas, después de haber recibido crueles desengaños, llegan a ver con indiferencia su propia suerte.

———————————————

No queremos detenernos en hacer amargo análisis de la situación actual: está al alcance de todos y sólo es nuestro ánimo excitar el espíritu público, a fin de que se sacuda ese sueño pesado en que dormimos al borde de un abismo. Tampoco es nuestro intento hacer inculpaciones a ningún partido ni a ninguna autoridad. Creemos que la apatía se ha apoderado de todos y esto es lo que sinceramente deploramos.

———————————————

En fin, estamos persuadidos de que los males que México sufre importan a todos sus hijos y, por lo mismo, a ellos toca remediarlos. Para esto los conjuramos a que salgan de ese estado de inercia y de apatía que hace imposible todo progreso y toda mejora.

Escanee para escuchar el episodio.

Zarco, F. (1850). Apatía. *El Demócrata*.

EP. 8: LAS REVOLUCIONARIAS
PRÁXEDIS G. GUERRERO

La causa de la libertad tiene también enamoradas.

Nuestro grito de rebelión ha levantado tempestades en muchas almas femeninas nostálgicas de gloria. El ideal conquista sus prosélitos entre los corazones limpios, y la justicia elige por sacerdotisas a las heroínas que adoran el martirio; [...] por eso, cuando el odio de los déspotas nos acomete más fieramente, el número de las arrogantes y animosas luchadoras se multiplica.

La lucha redentora que sostenemos se ha hecho amar de la belleza, y amar, no con el platonismo inútil de los caracteres, sino con la pasión ardorosa, activa y abnegada que lleva a los apóstoles al sacrificio. La resignación llora en la triste sombra del gineceo; el fanatismo destroza inútilmente sus rodillas ante la pena de los mitos insensibles; pero la mujer fuerte, la compañera solidaria del hombre, se rebela: [...] viril, resuelta, espléndida y hermosa, arrulla a sus pequeños con cantos de marsellesa, prende en el corazón del esposo el talismán del deber y al amante le impulsa al combate, le enseña con el ejemplo a ser digno, a ser grande, a ser héroe.

Vosotras las inspiradas por el ígneo espíritu de la sublime lucha; vosotras, las fuertes, las justicieras, las hermanas del esclavo rebelde y no las siervas envilecidas de los señores feudales; [...] sois las hermanas de Leona Vicario, de Manuela Medina y de la Corregidora, y hacéis enrojecer de vergüenza a los irresolutos, a los viles encariñados con el oprobio de la ergástula. [...] Cuando la mujer combate, ¿qué hombre, por miserable y pusilánime que sea, puede volver la espalda sin sonrojarse? Revolucionarias: ¡el día que nos veáis vacilar, escupidnos el rostro!

Escanee para escuchar el episodio.

Guerrero, P. (14 de enero de 1911). Las revolucionarias. *Regeneración*.

EP. 9-12: MEMORIAS DE MIS TIEMPOS
GUILLERMO PRIETO

He aquí el cuadro de las impresiones de mis primeros años al despertar a la vida en el Molino del Rey, mimado de mis padres, acariciado de mis primos y gozando mi alma con las agrestes lomas, los volcanes gigantes, la vista de los apacibles lagos y el bosque augusto de ahuehuetes, titanes de los siglos, que parecen hablar en la noche al rayo de la luna, de lo eterno y de lo sublime de sus recuerdos.

El ideal de un niño consistía en que se estuviese quietecito horas enteras, en saber un buen trozo del catecismo, de memoria, en oficiar el rosario en las horas tremendas, comer con tenedor y cuchillo, dar las gracias a tiempo, besar la mano de los padres y decir que quería ser emperador, santo sacerdote, o, cuando muy menos, mártir del Japón.

[...] era mi padre tan fino, tan sinceramente amigo de los pobres, que los peones le adoraban, y el nombre del amo era un nombre mágico que producía el contento, ahuyentaba las penas y que corría como perfume en aura mansa, produciendo bienestar y placer.

Un día nos despertó el estampido del cañón, las gentes·corrían despavoridas, atravesaban las calles soldados con las espadas desnudas [...]. Los horrores de aquella época se prolongaban. [...] Aquella transformación bárbara de la capital en campo de batalla; aquellas puertas cerradas; aquel encarecimiento de víveres; la parálisis de los negocios [...]. Cuanto pasaba en mi alrededor me impresionó hondamente.

Escanee para escuchar el episodio.

Prieto, G. (1906). *Memorias de mis tiempos*. París: Vda. de C. Bouret.

EP. 13: ELENA ARIZMENDI
JOSÉ VASCONCELOS

Las palabras de Adriana fluían como las notas de la flauta que hipnotiza a las bestias. Desde hacía años la serpiente de mi sensualidad reclamaba una encantadora.

Padecía el remordimiento de ser feliz, locamente dichoso, y de ver, en cambio, en mi casa, la discordia.

Ni siquiera cruzábamos juramentos de amor; de los pies a la cabellera me pertenecía y también desde su infancia hasta su muerte. Nuestro acuerdo erótico se hacía intenso en el abandono de las conversaciones. Horas enteras me quedaba pendiente de sus labios.

Su pasado me obsesionaba, aunque repetidas ocasiones me lo contaba en detalle como para salir de él y enterrarlo. Pero en lo más vivo del placer resucitaba al conjuro involuntario de una frase, un gesto, un hábito. Y me quedaba hundido en la melancolía dolorosa a la par que ella se ofendía y se ponía irritable.

Si siquiera ella y yo hubiésemos estado de verdad unidos, enlazados por la confianza...; pero era tal la sobreexcitación en que vivíamos, que una vez salió de casa y me dediqué a registrarle los baúles, temeroso, no sé si también deseoso, de encontrarle una prueba de infidelidad o una información sobre sus planes.

¡Ah! pero si se me fuese apareciendo frente a uno de los escaparates de la calle Tercera, por donde le gustaba mirar el lujo sobrio de las ropas, ¡cómo gritaría de júbilo y correría a abrazarla bajamente, sin un reproche!

Escanee para escuchar el episodio.

Vasconcelos, J. (1983). *Memorias I*. México: FCE.

EP. 14: DISCURSO DE TOMA DE POSESIÓN COMO RECTOR
JOSÉ VASCONCELOS

Los hombres libres que no queremos ver sobre la faz de la tierra ni amos ni esclavos, ni vencedores ni vencidos, debemos juntarnos para trabajar y prosperar. Seamos los iniciadores de una cruzada de educación pública, los inspiradores de un entusiasmo cultural semejante al fervor que ayer ponía nuestra raza en las empresas de la religión y conquista. No hablo solamente de la educación escolar. Al decir educación me refiero a una enseñanza directa de parte de los que saben algo a favor de los que nada saben; me refiero a una enseñanza que sirva para aumentar la capacidad productora de cada mano que trabaja y la potencia de cada cerebro que piensa.

Tomemos al campesino bajo nuestra guarda y enseñémosle a centuplicar el monto de su producción mediante el empleo de mejores útiles y mejores métodos. Esto es más importante que adiestrarlo en la conjugación de los verbos, pues la cultura es un fruto natural del desarrollo económico. Los educadores de nuestra raza deben tener en cuenta que el fin capital de la educación es formar hombres capaces de bastarse a sí mismos y de emplear su energía sobrante en el bien de los demás.

Organicemos entonces el ejército de los educadores que sustituya al ejército de los destructores. Y no descansemos hasta haber logrado que las jóvenes abnegadas, que los hombres cultos, que los héroes todos de nuestra raza se dediquen a servir los intereses de los desvalidos y se pongan a vivir entre ellos para enseñarles hábitos de trabajo, hábitos de aseo, veneración por la virtud, gusto por la belleza y esperanza en sus propias almas. Ojalá que esta Universidad pueda alcanzar la gloria de ser la iniciadora de esta enorme obra de redención nacional.

Escanee para escuchar el episodio.

Vasconcelos, J. (1958). *Obras Completas*, Vol. II, México: LMU.

EP. 15: EL OTRO MÉXICO. SANTA ROSALÍA
FERNANDO JORDÁN

En casi todos los pequeños poblados, o en las rancherías o campamentos que viven a orillas de los dos mares, siempre se encuentra alguien autorizado para relatar, con espontáneo dramatismo, algún acontecimiento viejo o nuevo sobre la compañía minera que inició la explotación del cobre en el centro de la Baja California. Todas esas historias tienen como argumento la ambición, el crimen y el fraude.

───────────────

Al llegar a las cercanías de Santa Rosalía ya no se escuchan relatos de esa índole, y eso significa que se ha llegado a la zona donde El Boleo, S. A., controla no sólo las entrañas de la tierra, sino incluso las entrañas de los hombres.

───────────────

Su voluntad, ejercida para defender y mantener sus intereses económicos, es ley entre el paralelo 28 y el paralelo 27, y desde el Pacífico hasta el Golfo de California.

───────────────

Hubo una época, infamante en la historia del Sur, cuando El Boleo, para sacar mejor provecho de las minas, impuso la más abyecta esclavitud.

───────────────

Tal vez, como natural reacción contra la fealdad geográfica y la situación social y económica que prevalece, Santa Rosalía tiene un agradable carácter y es una fuente de inagotable alegría. [...] Esta alegría es la válvula de escape a los sinsabores de la realidad, la respuesta generosa [...] al egoísmo que caracteriza a los emperadores de El Boleo.

Escanee para escuchar el episodio.

Jordán, F. (1951). *El otro México*. México: Biografías Gandesa.

EP. 16: EL OTRO MÉXICO. TIJUANA
FERNANDO JORDÁN

Fuera de la metáfora, la fiebre del vicio fue la defensa única de las ciudades fronterizas bajacalifornianas contra la miseria, contra el olvido del gobierno central. Se echaron en brazos de la perdición del mismo modo que las jóvenes burladas y decepcionadas se lanzan en brazos del primer canalla que les sale al paso.

El placer de vino, de azar, música y mujeres se paga en dólares. Tijuana no conoce otra moneda en la Avenida de la Revolución.

Aunque escandalosa, la Avenida de la Revolución siempre me ha parecido ingenua. Es desagradable, pero no sórdida, y junto a ella la Plaza de Garibaldi y el Tenampa, en México, son verdaderas cortes de los milagros.

Y detrás de todo este bizarro escaparate, lejos de esta aberración que los americanos confunden con México..., ¿qué hay? Hay una ciudad que recoge cuidadosamente las ganancias, fortalece con ellas su comercio, instala algunas industrias, y piensa, decentemente, en que algún día va a terminar toda esa farsa. Hay, realmente, detrás de esa monstruosidad de la Avenida de la Revolución, una ciudad dinámica y nueva. Esto lo puedo asegurar; lo que no podría afirmar es hasta cuándo va a dejar de vivir principalmente de la explotación del vicio.

Escanee para escuchar el episodio.

Jordán, F. (1951). *El otro México*. México: Biografías Gandesa.

EP. 17: LA VIDA EN MÉXICO
MADAME CALDERÓN DE LA BARCA

Poco después llegaron más visitas, y justamente cuando suponíamos habían terminado y nos disponíamos a comer, nos avisaron que estaban en la sala el Secretario de Estado, los ministros de la Guerra y de lo Interior, acompañados por otras personas. ¿Y cuál creeréis que era el propósito de su visita? Conjurarme, por cuanto hay de más alarmante, a renunciar a la idea de aparecer en público en traje de *poblana*. Nos aseguraron que las *poblanas* eran, por lo general, *femmes de rien*, que no llevan medias, y que la esposa del Ministro español no debía, por ningún motivo, vestir semejante traje ni una sola noche siquiera.

Antes de terminar esta carta, debo deciros que esta mañana he recibido la visita de una persona notable en extremo, muy conocida aquí con el nombre de *La Güera Rodríguez*, de la que se dice que hace muchos años fue celebrada por Humboldt como la mujer más bella que él hubiera visto en todo el curso de sus viajes.

Encontré a *La Güera* muy agradable, y la más cabal de las crónicas vivientes. [...] Hablamos de Humboldt, y haciendo mención de sí misma en tercera persona, me refirió todos los pormenores de su primera visita, y la admiración que sintió por ella. [...] Echándola de ver entonces, quedose admirado y suspenso, exclamando al fin: «¡*Válgame Dios! ¿Quién es esta muchacha?*» Desde aquella ocasión estaba constantemente con ella, y más cautivado, dicen, por su ingenio que por su hermosura [...]. Todo esto me induce a sospechar que tan grave viajero fue muy sensible a los encantos de su amiga, y que ni minas, ni montañas, ni geografía, ni geología, ni conchas petrificadas, le ocuparon bastante para que excluyera un ligero *stratum* de devaneo amoroso. Conforta el pensar que, «a veces, hasta el gran Humboldt sucumbe».

[47]

Escanee para escuchar el episodio.

Calderón de la Barca, M. (1959). *La vida en México durante una residencia de dos años en ese país*. México: Editorial Porrúa.

EP. 18: EL ESTILO PERSONAL DE GOBERNAR
DANIEL COSÍO VILLEGAS

No sólo se tiene la impresión de que hablar es para Echeverría una verdadera necesidad fisiológica, sino que está convencido de que dice cada vez cosas nuevas, en realidad verdaderas revelaciones.

———————————————

Y si está restringido por el número o la homogeneidad de sus componentes, pide que lo escuche otro más amplio, de hecho, la Nación y aun el mundo entero.

———————————————

[...] con todo el dolor de mi alma he llegado a una conclusión negativa. Y no, mil veces no, porque considere yo al presidente Echeverría un hipócrita o un farsante, sino porque no está construido física y mentalmente para el diálogo sino para el monólogo, no para conversar, sino para predicar. Mi conclusión se basa en la desproporción de sus reacciones o las de sus allegados ante la crítica, y en la pobreza increíble de los argumentos con que la contestan.

———————————————

Más de un presidente nuestro ha padecido ese mal de altura, típicamente Porfirio Díaz, que por haber arrancado a México del desorden y de la miseria en que había vivido durante setenta años continuos, creía merecer el acatamiento unánime y eterno de sus conciudadanos.

Escanee para escuchar el episodio.

Cosío Villegas, D. (1974). *El estilo personal del gobernar*. México: Joaquín Mortiz.

EP. 19: FRANCISCO I. MADERO ES UN TRAIDOR
RICARDO FLORES MAGÓN

Y sin embargo, si algún éxito tuvo Madero en su agitación política, se debió a dos cosas:

1) A la vigorosa propaganda que el Partido Liberal había iniciado desde el año 1900, cuando ni siquiera se sabía que existía Francisco I. Madero, y cuando se trabajó en condiciones verdaderamente difíciles. Los liberales comenzamos nuestros trabajos cuando todo el pueblo estaba profundamente dormido [...].

2) El éxito de Madero se debió igualmente al miedo que sentía el Gobierno por la Revolución con que lo tenía amagado el Partido Liberal.

Estoy firmemente convencido de que no hay ni podrá haber un gobierno bueno. Todos son malos, llámense monarquías absolutas o constitucionales repúblicas. El gobierno es tiranía que coarta la libre iniciativa de los individuos y sólo sirve para sostener un estado social impropio para el desarrollo integral del ser humano.

Si el pueblo tuviera algún día el pésimo gusto de aclamarme para ser su gobernante, le diría: yo no nací para verdugo. Busca a otro.

Mexicanos: abrid bien los ojos. ¿Por qué no quiere Madero que luche el Partido Liberal? Porque el Partido Liberal lucha por los pobres cuyos intereses son opuestos a los de los ricos.

Mexicanos: vuestro «Presidente Provisional», como él mismo se llama, ha comenzado a dar golpes a la libertad. ¿Qué sucederá cuando el «provisional» llegue a ser efectivo?

Escanee para escuchar el episodio.

Flores Magón, R. (25 de febrero de 1911). Francisco I. Madero es un traidor a la causa de la libertad. *Regeneración*.

EP. 20: LA LUCHA POR LA LIBERTAD
RICARDO FLORES MAGÓN

Al anglosajón correspondía representar su papel: sangrando la Patria, tuvo que sufrir una dolorosa amputación quedando sus miembros amputados en poder del cirujano. Muchos lloramos esa pérdida, pero el dolor se olvidó con nuevos dolores.

Volvimos a aspirar un soplo de libertad, bajo el Gobierno del Benemérito de las Américas; pero murió el coloso, el que encarnaba las aspiraciones nacionales, porque él había sostenido nuestra bandera en la época de prueba, la bandera de la libertad que tanto amamos y que tanto se nos arrebata.

Triunfó Tuxtepec; su programa de regeneración política lo acreditó y le abrió los brazos de todos los mexicanos. No reelección, moralidad administrativa, sufragio libre, libertad de prensa, supresión de alcabalas, supresión del timbre, etc., etc., formaban ese halagador programa.

Las cosas siguen como antes, con el agravante [...] de haber dado cabida, en un programa que se decía liberal y regenerador, a ese odioso espectro que se llama política de conciliación. De modo, que una administración que comenzó liberal, termina conservadora.

No obstante, no debemos desmayar, que las debilidades políticas se quedan para espíritus medrosos y voluntades nulas; no debemos encontrar en la decepción un pretexto para huir de la refriega, sino un estímulo para procurar que en lo de adelante, sean un hecho, y no una quimera, las libertades públicas.

Escanee para escuchar el episodio.

Flores Magón, R. (7 de enero de 1901). La lucha por la libertad. *Regeneración*.

EP. 21: ORACIÓN DEL 9 DE FEBRERO
ALFONSO REYES

Hace 17 años murió mi pobre padre. Su presencia real no es lo que más echo de menos: a fuerza de vivir lejos de Monterrey, estudiando en México, yo me había ya acostumbrado a verlo muy poco y a imaginármelo fácilmente, a lo cual me ayudaba también su modo de ser tan definido, y hasta su aspecto físico tan preciso y bien dibujado —su manera de belleza.

De repente sobrevino la tremenda sacudida nerviosa, tanto mayor cuanto que la muerte de mi padre fue un accidente, un choque contra un obstáculo físico, una violenta intromisión de la metralla en la vida y no el término previsible y paulatinamente aceptado del acabamiento biológico.

Con la desaparición de mi padre, muchos [...] sintieron que desaparecía una de las pocas voluntades capaces, en aquel instante, de conjurar los destinos. Por las heridas de su cuerpo, parece que empezó a desangrarse para muchos años, toda la patria. Después me fui rehaciendo como pude, como se rehacen para andar y correr esos pobres perros de la calle a los que un vehículo destroza una pata.

Pero el golpe contra la realidad brutal de haberlo perdido fue algo tan intenso que puedo asegurar que persiste; [...] —íntegro, vivo— en algún repliegue de mi alma, y sé que lo puedo resucitar y repetir cada vez que quiera.

Entonces entendí que él había vivido las palabras, que había ejercido su poesía con la vida, que era todo él como un poema en movimiento. [...] Aquí morí yo y volví a nacer, y el que quiera saber quién soy que lo pregunte a los hados de febrero. Todo lo que salga de mí, en bien o en mal, será imputable a ese amargo día.

Escanee para escuchar el episodio.

Reyes, A. (1990). *Obras completas*. México: FCE.

EP. 22: FRANCISCO VILLA, EL LADO HUMANO
JOHN REED

Villa tiene dos mujeres, una paciente, sencilla mujer que lo ha acompañado durante sus largos años de proscrito, la que reside en El Paso; la otra, una joven delgada, como una gata, que es la señora de su casa en Chihuahua.

Fascina observarlo descubrir nuevas ideas. Hay que tener presente que ignora en absoluto las dificultades, confusiones y reajustes de la civilización moderna.
—El socialismo, ¿es alguna cosa posible? Yo sólo lo veo en los libros, y no leo mucho.

Nunca perdía una corrida de toros. Todas las tardes, a las cuatro, se le encontraba en la gallera, donde hacía pelear a sus propios gallos con la entusiasta alegría de un muchacho. En la noche jugaba al faro en alguna casa de juego.

Villa se iba directamente hasta el animal que piafaba enfurecido, y lo golpeaba, atrevido, en la cara, con la capa doble y así, por media hora, practicaba el deporte más grande que jamás he visto. Algunas veces, los cuernos recortados del toro aclanzaban a Villa en las asentaderas de sus pantalones y lo lanzaba a través de coso.

Villa nunca bebe ni fuma, pero a bailar, le gana al más enamorado galán de México. Cuando se dio al ejército la orden de avanzar sobre Torreón, Villa hizo un alto en Camargo para apadrinar la boda de uno de sus viejos compadres. Bailó continuamente sin parar, dijeron, toda la noche del lunes, todo el día martes y la noche, llegando al frente el miércoles en la mañana con los ojos enrojecidos y un aire de extrema languidez.

Escanee para escuchar el episodio.

Reed, J. (2017). *México insurgente*. México: Porrúa.

EP. 23: EL COSMOPOLITA
JOHN REED

El Cosmopolita es el salón de moda en Chihuahua: un infierno de casa de juego. [...] Entrábase primero a una habitación larga y baja, alumbrada con linternas ahumadas; era donde se jugaba la ruleta. Sobre la mesa había un letrero que decía: Sírvase no poner los pies sobre la mesa de la ruleta.

Se usaba la más sorprendente diversidad de monedas, dado que la plata y el cobre habían desaparecido de la circulación en Chihuahua hacía mucho con motivo de la conturbada época revolucionaria.

El caballero que hablaba primero tenía que decir si sería póker cerrado o abierto el que se jugaría. El cerrado era el más divertido, porque para un mexicano era inconcebible que la próxima carta no sea la que necesita para tener una mano magnífica, y apuesta aumentando sobre cada carta con una excitación creciente, desatinada.

En algunas ocasiones se levantaba un jugador de aquellos que han viajado mucho por países extranjeros y daban una vuelta en torno a su silla, para sacudirse una racha de mala suerte; o bien, pedía una baraja nueva, adoptando un aire derrochador, sin ceremonias ni cumplidos.

El tallador se inclinaba ceremoniosamente: arrojaba la baraja en uso al cajón y presentaba la nueva. La casa tenía solamente dos juegos de naipes. Ambos como de un año de uso y profusamente decorados con las comidas de todos los jugadores, pasados y presentes.

Escanee para escuchar el episodio.

Reed, J. (2017). *México insurgente*. México: Porrúa.

EP. 24: EL POETASTRO
HILARIÓN FRÍAS Y SOTO

¿Qué tiene de raro que un *poetastro* brote detrás de un mostrador? En efecto, un cajero es capaz de sentir, de enamorarse y de querer expresar su amor. Ha leído las variedades de nuestros periódicos, y tomó tanta afición al verso, que creyó que era el mejor órgano para expresar su pasión a Tulitas, la hija de un retirado, cuyo balcón, es decir, el de la casa en que vivía la niña, estaba frente a la vinatería que sirve de nido o larva a nuestro futuro poetastro.

———————————————

Está visto, *el poetastro* al declararse romántico, adquiere sobre nosotros los mismos derechos que una mala suegra sobre su yerno, y puede impunemente ponernos de oro y azul, sin que podamos decir esta boca es nuestra. Al mismo tiempo, se convierte en el ser más dichoso del universo, por más que él nos diga lo contrario.

———————————————

Pero si es prodigioso el oído del *poetastro* durante el día, nunca lo será tanto como en la noche, aunque según malas lenguas, este fenómeno se advierte en todo aquel que se acuesta sin cenar. Durante la noche, cuando todo el mundo duerme, sólo *el poetastro* se halla en vela, escuchando ecos siniestros, ruidos misteriosos, choques de cadenas, crujir de huesos descarnados.

———————————————

¡Pobre hombre! A nadie sino a él le está vedado el sentarse o echarse a la bartola, y tiene por precisión que estar reclinado, postrado, o de hinojos a los pies de alguna arpía, excitándose en mirarla con loco frenesí; jadeando de amor; apurando sediento su soplo de perfumes, y todo ello para morir después ¡anonadado de tanto amor!

Escanee para escuchar el episodio.

Frías y Soto, H. (1854). *Los mexicanos pintados por sí mismos*. México, Imprenta de M. Murgía y Comp., Portal del Águila de Oro.

EP. 25: ZAPATA Y LA REVOLUCIÓN MEXICANA
JOHN WOMACK

Este es un libro acerca de unos campesinos que no querían cambiar y que, por eso mismo, hicieron una revolución. Nunca imaginaron un destino tan singular. Lloviera o tronase, llegaran agitadores de fuera o noticias de tierras prometidas fuera de su lugar, lo único que querían era permanecer en sus pueblos y aldeas, puesto que en ellos habían crecido y en ellos, sus antepasados, por centenas de años, vivieron y murieron: en ese diminuto estado de Morelos del centro-sur de México.

———————————————

A todo lo ancho de México, los hombres de empresa pensaron que no podrían mantener su nivel de ganancia o el vigor de la nación sin efectuar cambios fundamentales en el país. Pero, dondequiera que se intentaban cambiar los fundamentos, los campesinos protestaban, pues su única forma de supervivencia conocida era trabajar la tierra de sus padres.

———————————————

En 1910, después de treinta y cuatro años de gobierno regular, los políticos encumbrados del régimen permitieron que estallase una revuelta por causa de la sucesión presidencial.

———————————————

Vinieron entonces cerca de once años de guerra, durante los cuales los pequeños agricultores y jornaleros se convirtieron en guerrilleros y terroristas, soportaron sitios y saboteaban, además de resistir pasivamente a la pacificación. Tenían varios dirigentes, pero el más destacado era un hombre llamado Emiliano Zapata.

———————————————

A través de él, los campesinos se abrieron camino en la Revolución mexicana. Si la suya no fue la única clase de experiencia revolucionaria, sí fue, creo yo, la que tuvo mayor significación.

Escanee para escuchar el episodio.

Womack, J. (1969). *Zapata y la Revolución mexicana*. México: Siglo veintiuno editores.

EP. 26-32: LA MUJER MEXICANA
ANTONIETA RIVAS MERCADO

Quienquiera que intente encontrar en nuestro pintoresco medio social un tipo representativo de mujer mexicana, fracasará. [...] En México todo se está haciendo. No hay que buscar en él todavía un tipo general de mujer. Éste corresponderá al momento histórico en que todas las manifestaciones nacionales sean fisionómicamente nuestras.

En México, todas las mujeres son católicas, ya que no vale la pena tomar en consideración a las que pertenecen a otros credos. Pero el catolicismo mexicano es como una fábrica de trajes a la medida, y en nada suaviza las aristas sociales.

Por regla general, la mexicana es ignorante. Sigue en boga la noción de que, así como es obligatorio preparar al hombre para la vida, es innecesario y hasta nocivo preparar paralelamente a la mujer. Ésta sigue siendo, casi siempre, una mujer colonial, en la que se exaltan las virtudes pasivas, si es posible que la pasividad sea virtud.

Las mujeres mexicanas en su relación con los hombres son esclavas. Casi siempre consideradas como cosa y, lo que es peor, aceptando ellas serlo. Sin vida propia, dependiendo del hombre, le siguen en la vida, no como compañeras, sino sujetas a su voluntad y vendidas a su capricho.

Es preciso, sobre todo para las mujeres mexicanas, ampliar su horizonte, que se la eduque e instruya, que cultive su mente y aprenda a pensar. [...] El cultivo de la mujer será el exorcismo que la limpie de su «bondad pasiva», provocando reacciones que hagan cesar en México la repetición de un siglo de historia como el que contamos desde nuestra independencia.

Escanee para escuchar el episodio.

Rivas Mercado, A. (1987). La mujer mexicana. En *Obras Completas de Antonieta Rivas Mercado*. México: SEP.

EP. 33-35: MÉXICO VIEJO
LUIS GONZÁLEZ OBREGÓN

No todo fue vida y dulzura en los buenos tiempos de la Colonia; no siempre reinó la equidad y la honradez en la larga serie de virreyes, que nos envió la metrópoli durante tres centurias.

———————————

Pocos gobernantes fueron tan mal queridos como Branciforte. La crónica lo pinta rapaz, codicioso, tirano con los humildes y bajo con los poderosos.

———————————

Branciforte, como hombre de negocios, siempre meditaba la manera de esquilmar a sus súbditos, y con tal que le produjesen ganancias los proyectos que se le ocurrían, echaba a un lado escrúpulos de conciencia, sofocaba remordimientos y no se detenía en los medios.

———————————

—Te lo diré en pocas palabras. Quiero que uses corales para que se olviden de sus perlas. Aquí sólo gustan de los corales las indias; más los ricos y la nobleza poseen verdaderos tesoros en perlas. Ahora bien, por medio de mis agentes, una vez que pase la moda de las perlas, las podré comprar casi regaladas, y haré un negocio brillante si las remito a España. ¿Me has entendido?
—¡Soberbio! —exclamó la Virreina—.
¡Si lo que a ti se te ocurre...!
—¡Qué quieres Mariquita!

———————————

Branciforte pasó a España en 1798, rico, poderoso. Llevó consigo muchas perlas, y en cuanto a los corales que compraron las sencillas mexicanas, se cuenta que resultaron... ¡falsos!

Escanee para escuchar el episodio.

González Obregón, L. (1900). Perlas y corales. En *México Viejo*. México: Librería de la Vda. de Bouret.

EP. 36-40: EL MÉXICO MODERNO
MANUEL GUTIÉRREZ NÁJERA

Hace algunos siglos había sabios pretenciosos que abarcaban la suma de los conocimientos humanos.

En la soledad de aquellas celdas se estudiaba todo, se hacía hablar al primer autómata y se invocaba la gracia divina para escribir sobre el misterio de la Trinidad. Se describían todos los esplendores del cielo y se revelaban al mundo los primeros secretos de la tierra.

No en vano corrieron los siglos para la humanidad. La celda está dormida, y al silencio sepulcral del convento ha sucedido el bullicio del cuartel.

Por eso ahora la humanidad, que va de prisa, que no puede detenerse, encarga a unos cuantos que piensen por ella, que estudien por ella, y que asombren al mundo con sus inventos, con sus teorías, con sus profundas enseñanzas.

Entonces se saca del bolsillo el periódico del día para saber cómo amaneció Bismarck, qué se desayunó el día anterior el emperador Guillermo, qué descubrimiento nos prepara Edison, cuál es la cifra que denota la baja de la plata y cuál es la que nos revela el alza del escándalo y la criminalidad en los cafés y en las cantinas. Luego se arroja el periódico como inservible, y el libro que sirve para siempre, se queda empolvado en el estante de las bibliotecas.

Escanee para escuchar el episodio.

Gutiérrez Nájera, M. (4 de octubre de 1893). El periódico moderno. *El Universal*.

EP. 41: HACIA UNA TEORÍA DE LA MICROHISTORIA
LUIS GONZÁLEZ Y GONZÁLEZ

Sin temor a errar se puede decir que los historiadores matrios siempre han sido más numerosos que los monumentales y los críticos. Son más en la vida que no en la literatura. [...] Incluso, cabe decir, sin demasiada exageración, que todos los seres humanos son microhistoriadores.

———————————

No es concebible una familia, una tribu, una aldea y mil formas de minisociedad sin deslizamientos hacia el recuerdo. [...] Las historias locales ocupan en la república de la historia un lugar análogo al ocupado por los corridos y los romances en la república de las letras. A la microhistoria hay que verla como una expresión popular.

———————————

Por lo demás, es difícil definirlos porque a la mies microhistórica acude gente de muy distinta condición: abogados, sacerdotes, médicos, poetas, políticos y personas que apenas saben leer y escribir. Y, sin embargo, es posible rastrear en ellos algunos rasgos comunes; así, la actitud romántica.

———————————

Casi siempre el cronista de pueblos y ciudades pequeñas es un anticuario asido a su tradición, deseoso de mantener en el recuerdo, que no necesariamente en la vida, lo que no tiene futuro por «pequeño, restringido, envejecido y en trance de caer hecho polvo». La intención del microhistoriador es sin duda conservadora; salvar del olvido el trabajo, el ocio, la costumbre, la religión y las creencias de nuestros mayores.

———————————

Cada vez son más los microhistoriadores no vocados, los ociosos que hallan quehacer en la microhistoria. [...] los meros repetidores de un oficio más viejo que el atole blanco, dueño de una temática propia, de un método peculiar y de un círculo de lectores.

Escanea para escuchar el episodio.

González y González, L. (27 de marzo de 1973). *Discurso de ingreso a la Academia Mexicana de la Historia*.

EP. 42: EL CULTO A LA PERSONALIDAD
FRANCISCO BULNES

El frenesí juarista actual no puede ser sincero porque es contra la naturaleza humana y especialmente contra la mexicana. Se ha desarrollado por Juárez, no la admiración por un grande hombre, sino por un ser sobrenatural que nos ha dado Patria, Libertad, Reforma, Democracia.

Es un hecho palpable que jamás hemos tenido democracia y que probablemente ni dentro de cien años la tendremos. Es otro hecho que el más grande enemigo que tuvo la democracia mexicana fue Juárez de 1867 a 1872.

Repentinamente se produce el gran fenómeno: todos nuestros verdaderos grandes hombres y toda la plebe ruidosa de nuestras falsas glorias nacionales, se hunden como por un terremoto en nuestra historia, en nuestra poesía, en nuestra literatura, en nuestra prensa, en nuestros calendarios, para hacer surgir a una figura a quien debemos todo lo bueno que tenemos, y todo lo que no tenemos; y esa figura, no necesito nombrarla, es la de Juárez.

Para que un hombre de fe merezca la admiración, es preciso que esa fe lo impulse a cumplir actos grandiosos, heroicos, trascendentales.

Pero a Juárez le faltó hasta esa fe, cuando sacrificó en Tacubaya, por terror a Miramón, el ejército de Degollado; le faltó esa fe cuando ya expedidas por él las leyes de Reforma contra el clero, buscó un arreglo o un apoyo del clero bajo, es decir, una unión de amasiato adúltero entre la Iglesia y el Estado.

[73]

Escanee para escuchar el episodio.

Bulnes, F. (1987). El culto a la personalidad como debilidad del pueblo mexicano. En De los Ríos, N. (comp.). *Francisco Bulnes*. México: Senado de la República.

EP. 43-46: VIAJES EN MÉXICO. CRÓNICAS EXTRANJERAS
J. C. BELTRAMI

Durante mi estancia en Tlaxcala, que duró tres días, traté de conseguir algunos mapas indios, de los que ya os he hablado, y que existen en los archivos de la municipalidad. [...] Sólo obtuve el árbol genealógico de los reyes de Tlaxcala y dos platos de manufactura india que formaban parte, según me dijeron, del servicio con el que se obsequió a Cortés cuando entró a Tlaxcala.

Apenas había recorrido tres millas, cuando veo venir tres hombres bien montados y con apariencia de caballeros. Les pregunté si habían visto a mi criado, y antes de poder siquiera asombrarme, se echaron sobre mí, sin dejarme siquiera coger mi fusil. [...] Logré convencerles de que no era cristiano ser bandido..., me dejaron allí, bajo palabra de honor de que no me movería, y que, de hacerlo así, me dispararían con mi propio fusil.

Corté la cuerda de mi caballo atado a un árbol y me lancé a galope. El pobre Rocinante, fatigado por un largo viaje, hubiese sido atrapado, pero, afortunadamente, unos viajeros cruzaron en ese instante y mis ladrones se fueron.

Aquí termina mi peregrinaje en México. Mañana embarco mis maletas para Nueva York... ¡Adiós, pueblos durante tanto tiempo esclavos y siempre dignos de ser libres! ¡Adiós mexicanos! Ojalá haya podido vengaros de las calumnias de vuestros detractores, con el bosquejo de un cuadro imparcial y fiel de sus costumbres, de vuestras artes y de vuestras instituciones antiguas y modernas.

Escanee para escuchar el episodio.

Beltrami, J. C. (1982). De Tlaxcala a Veracruz. En: Glantz, M. (comp.). *Viajes en México. Crónicas extranjeras*. México: SEP.

EP. 47: UN CAFÉ CON DON EDMUNDO O'GORMAN
GERMÁN DEHESA

Y aquí me tienen, con la imagen nítida y fresca de *México, el trauma de su historia,* y con los recuerdos en fuga del O'Gorman oral. Mi tarea, creo entender, es conciliar al escritor que conozco y aprecio con el maestro que tanto me dio y con el hombre a cuya vida apenas me asomé. [...] Don Edmundo detestaba a los alumnos dóciles que lo escuchaban como al Oráculo y apuntaban sin chistar hasta las pausas.

Creo que esto es extensivo a los lectores de su obra que tampoco pueden ser dóciles y sumisos. En la clase y en la tertulia a O'Gorman le encantaba decir barbaridades (reales o aparentes), poner sobre el tapete alguna heterodoxia, o algún punto de vista novedoso que venía a desarmar tal o cual dogma de los historiadores consagrados.

¿Cómo se llama usted?... Dehesa. Ese no es nombre... Germán, me llamo Germán, maestro. ¿Y por qué le gustó el libro de Rius?... Pues por esto y por aquello y por lo otro... ¿De veras? Sí, maestro, yo creo que Rius es un gran poeta... Digamos que es poeta y basta; en realidad a mí el libro me pareció encantador y lleno de una muy legítima ingenuidad; me encantó, pero me encanta más discutir y encontrar interlocutores con un mínimo de inteligencia.

Como en sus lecciones y en sus pláticas, en sus libros, O'Gorman no solicita lectores rendidos, necesita lectores dispuestos a contrariarlo [....]. Gracias, Don Edmundo; no se puede vivir como si la inteligencia no existiera.

Escanee para escuchar el episodio.

Dehesa, G. (julio de 1996). Un café con don Edmundo. *Este País*.

EP. 48: LA CRISIS DE MÉXICO
DANIEL COSÍO VILLEGAS

Echemos por delante esta afirmación: todos los hombres de la Revolución mexicana, sin exceptuar a ninguno, han resultado inferiores a las exigencias de ella.

Madero destruyó el porfirismo, pero no creó la democracia en México; Calles y Cárdenas acabaron con el latifundio, pero no crearon la nueva agricultura mexicana. ¿O será que el instinto basta para destruir, pero no para crear?

A los hombres de la Revolución puede juzgárseles ya con certeza, afirmando que fueron magníficos destructores, pero que nada de lo que crearon para sustituir lo destruido ha resultado indiscutiblemente mejor.

Así, la obra de la Revolución siempre ha quedado en la postura más vulnerable: expuesta a las furias de sus enemigos, y sin engendrar en los partidarios el encendido convencimiento de la obra hecha y rematada.

La educación no se entendió ya como una educación para una clase media urbana, sino en la forma única que en México puede entenderse: como una misión religiosa, apostólica, que se lanza y va a todos los rincones del país llevando la buena nueva de que México se levanta de su letargo, se yergue y camina.

Entonces se tenía fe en el libro, y en el libro de cualidades perennes; y los libros se imprimieron a millares, y a millares se obsequiaron. Fundar una biblioteca en un pueblo pequeño y apartado parecía tener tanta significación como levantar una iglesia.

Escanee para escuchar el episodio.

Cosío Villegas, D. (marzo-abril 1947). La crisis de México. *Cuadernos Americanos*.

EP. 49: MEMORIAS. UNA VIDA AZAROSA, NOVELESCA...
GONZALO N. SANTOS

El general Ávila Camacho me escuchó con toda atención y calma, después me dijo: «Compadre, celebro que sepa usted que me es usted grato y cuenta no sólo con mi anuencia para que se lance al gobierno del estado de San Luis Potosí, sino también con toda mi simpatía y apoyo. Desde este momento tiene usted 'luz verde'». «No lo voy a defraudar, compadre –le dije–, la campaña la voy a empezar aquí en las 'alturas', pero me voy a arrancar a la conquista de San Luis Potosí desde mi rancho Gargaleote y les voy a enseñar a tirios y troyanos cómo se hace una campaña».

En San Luis Potosí, durante mi gobierno hubo dos clases de curas, como lo creo que hay en todas partes: los verdaderos sacerdotes [...]. Y el otro grupo de curas reaccionarios, hipócritas y sinarquistas, encabezados por el protervo cura Montejano, este cabrón, siendo yo gobernador, subió al púlpito del templo de San Agustín, donde me atacó, llamándome «persecutor de la iglesia» y regañando a la sociedad de la ciudad de San Luis Potosí porque «distinguían tanto a Leola Santos, pues no es casada por la Iglesia y las damas católicas no deben visitarla». Por supuesto, las damas católicas no le hicieron caso y trataron a Leola como a una reina.

Después de este incidente pedí al señor obispo, don Gerardo Anaya y Díez Bonilla, que le quitara «mando de fuerza» a Montejano [...], lo que el santo obispo me hizo favor de llevar a cabo para prestigio de su misma religión. Montejano no tuvo cara para presentar queja alguna por el merecido putazo que recibió por cabrón.

Escanee para escuchar el episodio.

Santos, G. N. (1986). *Memorias*. México: Editorial Grijalbo.

EP. 50: MEMORIAS. UNA VIDA AZAROSA, NOVELESCA...

GONZALO N. SANTOS

Después de mi protesta como gobernador me trasladé al Palacio de Gobierno donde tomé posesión de mi puesto, y desde luego, nombré a mis colaboradores [...]. Después llamé a los señores abogados más distinguidos de San Luis Potosí, les leí una lista donde los nombraba magistrados del Supremo Tribunal de Justicia del Estado.

Yo presentí, desde que hice esa lista, que ninguno de estos señores licenciados iba a querer ocupar el puesto, porque estaban frente a sus bufetes, que eran los más prestigiados en el estado. [...] uno a uno fueron hablando, dándome las gracias por la distinción, pero diciéndome, cada uno de ellos, las circunstancias que los obligaban a no aceptar el puesto.

«He oído las razones que cada uno de ustedes me ha dado para no aceptar el puesto de magistrado, yo no puedo forzar a nadie a que colabore en el gobierno conmigo, pero voy a tener la atención que me merecen para con ustedes y les voy a dar a conocer la lista de los señores licenciados que van a ocupar los puestos que ustedes no quisieron aceptar». [...] Se trataba de una selección de los abogados más bribones, más pillantes, más chicaneros del estado, muchos de ellos libres de la cárcel bajo fianza.

«Señores abogados, voy a entregar la lista de los magistrados que formarán el futuro Tribunal de Justicia del Estado, ¿cuál de estas dos entrego?» [...] Y entonces el licenciado Antonino García [...] me dijo: «Todos estamos conformes de colaborar contigo», y le entregó la lista a los periodistas presentes y así quedó formado en San Luis Potosí el Tribunal más brillante que ha tenido en su historia.

Escanee para escuchar el episodio.

Santos, G. N. (1986). *Memorias*. México: Editorial Grijalbo.

EP. 51: CORRESPONDENCIA
ALFONSO REYES • JESÚS SILVA HERZOG

Voy a desahogarme con usted en términos de perfecta amistad, y también a pedir un consejo al hombre recto y bueno que es usted. Nada de esto afecta a la cordialidad que nos une y a la buena inteligencia que reina en nuestras relaciones y que, para mi mayor contentamiento, cada vez ha sido mayor.

———————————

De la revista he recibido frecuentísimas manifestaciones de estimación y aun de cariñosa consideración, y no incurriré jamás en la ingratitud de ignorarlo u olvidarlo. En tres ocasiones ha acontecido algo que no me fue del todo grato. Pero *a nadie* culpo de ello, sino a las circunstancias.

———————————

Hay palabras que —a menos de desear el agravio— no se deben usar, ni siquiera para rectificarlas indirectamente. Manchan al escribirlas, impresionan al lector [...] y se quedan en su mente como una gota de ácido corrosivo.

Ya verá usted, mi querido Jesús, cómo esta malhadada reseña va a causarme todavía algunos quebraderos de cabeza.

———————————

En los muchos centros y lugares de nuestra América donde circula y se lee la revista, se asociará ahora el innoble calificativo al nombre de mi padre, de quien yo aparezco como un defensor tibio y sonso. Ya no tiene remedio.

———————————

Además, yo no estoy agraviado con la revista, pues sé bien que nadie ha tratado de hacerme daño. [...] ¿Qué hago, mi amigo Jesús, qué hago? Se lo pregunto con viva emoción y soy siempre suyo.

Escanee para escuchar el episodio.

Enríquez Perea, A. (comp.). (2001). *Vidas de cultura y pasión mexicanas: correspondencia Alfonso Reyes/Jesús Silva Herzog 1939-1959.* México: El Colegio de San Luis Potosí.

EP. 52: LA MUJER EN EL PORVERNIR
HERMILA GALINDO

En aquellas remotas edades, génesis de la civilización, como en la época actual, el matrimonio constituía el desiderátum de su existencia. Tan complejo, tan difícil de resolver fue entonces el problema para la mujer, como es ahora, pese a la diversidad de leyes y costumbres.

Si la mujer en vez de exceso de sensibilidad [...], tuviese una buena dosis de razón sólida y supiese pensar y discurrir justo; si en lugar de ser neurótica y tímida rebosara valor físico y cultivase el músculo y el glóbulo sanguíneo, si poseyese como quiere Stuart Mill, la ciencia del mundo de los hombres y de las fuerzas de la naturaleza, en vez de ignorar completamente cómo se vive y tener sólo la forma y la etiqueta de lo bello, la mujer sería más dichosa y el hombre más honrado.

Desde luego, una revisión de los códigos civil y penal se impone con fuerza arrolladora, aumentando la penalidad en los casos de seducción y abandono de la mujer. Cuando ésta, fascinada, se entrega en brazos del amante, arrastrada por el ineludible instinto sexual, el hombre queda ante la sociedad como un calavera agradable, émulo de Don Juan Tenorio. La impunidad de su crimen lo hace cínico y refiere su hazaña con el tono majestuoso con que haría un Jefe revolucionario el relato de la toma de una plaza. Pero la mujer desdichada que no ha hecho otra cosa que cumplir con una de las exigencias de su instinto, no negadas ni a la más vil de las hembras, es relegada al desprecio social, truncado su porvenir y arrojada al abismo de la desesperación, de la miseria, de la locura o del suicidio.

¡Que Dios y los hombres honrados tengan piedad de la mujer, procurándole un modo de vida razonable y la evolución de nuestra raza llegará, llenando de asombro a las generaciones venideras!

Escanee para escuchar el episodio.

Galindo, H. (1916). *La mujer en el porvenir.* Primer Congreso Feminista de Yucatán, México.

EP. 53: NOTAS SOBRE MÉXICO (1822)
JOEL R. POINSETT

El Emperador estaba en su gabinete y nos acogió con suma cortesía. Con él estaban dos de sus favoritos. Nos sentamos todos y conversó con nosotros durante media hora, de modo llano y condescendiente, aprovechando la ocasión para elogiar a los Estados Unidos, así como a nuestras instituciones, y para deplorar que no fueran idóneas para las circunstancias de su país.

En el intervalo entre la derrota de la causa de los patriotas y la última revolución, residió en la capital, y en una sociedad que no se distingue por su estricta moral, él se destacó por su inmoralidad.

Juzgando a Iturbide por sus documentos públicos, no le considero como hombre de talento. Obra rápidamente, es audaz y resuelto y nada escrupuloso en elegir los medios para lograr sus fines.

Además de esta Universidad existen otros colegios de menos categoría, y varias grandes escuelas, que se hallan bajo la dirección del clero regular. La mayor parte de los habitantes de las ciudades saben leer y escribir. No quiero que esto se interprete en el sentido de que incluyo los léperos también; pero con frecuencia he visto a hombres vestidos con el traje de la penuria extrema, que leían las gacetas en las calles.

Existen varias librerías, que ostentan sólo escasas existencias de libros. Los libreros hasta ahora han sufrido todas las desventajas del sistema de prohibición de la Iglesia Católica, pero ya tratan de proveerse de las mejores obras modernas. Los pocos libros que se encuentran en los almacenes son exorbitantemente caros.

Escanee para escuchar el episodio.

Poinsett, J. R. (1973). *Notas sobre México (1822)*. México: Jus.

EP. 54: EPISTOLARIO AMOROSO CON JOSEFINA BROS
VICENTE RIVA PALACIO

Josefina:

Dios bendiga a usted por siempre, porque me ha hecho usted el hombre más feliz del mundo. Ahora sí ya no dudo de su amor, porque su carta conozco que se la dictó su corazón, porque hay en ella amor, pues ha sido la primer palabra amorosa que usted me ha dicho.

Sí, Josefina, ámeme usted siempre así porque yo la adoro, porque quisiera ir a expirar mi amor a sus pies. Escríbame siempre que pueda, por Dios, Josefina, mi ángel, mi amor, mi vida, que una carta de usted es para mí más apreciable que todos los tesoros de la tierra.

Esta tarde iré al paseo, hágame usted favor de no llamarme Vicente, sino Riva.

Adiós, pues, alma mía, mi luz, reciba usted el corazón de su amante que la adora, de su V. R. P.

Escanee para escuchar el episodio.

Riva Palacio, V. (2000). *Epistolario amoroso con Josefina Bros (1853-1855)*. México: CONACULTA, UNAM, Instituto Mexiquense de Cultura, Instituto de Investigaciones Dr. José María Luis Mora.

EP. 55: TORRES Y CÚPULAS
LUIS FRÍAS FERNÁNDEZ

Erguidas, mirando por sobre la plenitud del caserío, las torres y las cúpulas son majestades a cuyos pies rueda el rumor de la ciudad.

––––––––––––––––

Conforme se asciende a la torre, se va entrando a un mundo de silencio, se cree en una audacia que ha violado la majestad de un sueño de titán. Pero se asciende, se asciende con delicia.

––––––––––––––––

Se ve cómo se mueve la vida inferior sin producir ruido, cómo se tiende el caserío semejando un mar apenas rizado, y cómo los campos lejanos se recuestan en soledad plácida sobre las faldas de los montes azules.

––––––––––––––––

Las cintas de las balaustradas convidan a hincar los codos y a poner medio cuerpo sobre el abismo. La vista alcanza una amplitud maravillosa; se ve el mundo exterior de las torres.

––––––––––––––––

Cuando se desciende de las torres, cuando la escalera torcida, resbaladiza y obscura nos produce la impresión de ir creando en nuestro viaje una espiral de sombras, volvemos a la capa de rumores, nos hundimos en la ciudad bulliciosa... Instintivamente volvemos los ojos a aquel mundo que hemos abandonado, y la torre, erguida, portentosa, ha de medir entonces nuestra pequeñez, en pago de que ya medimos su grandeza.

Escanee para escuchar el episodio.

Frías Fernández, L. (12 de octubre de 1902). Torres y cúpulas. *El Mundo Ilustrado*.

EP. 56: ¿MADRECITA SANTA?

MARTA LAMAS

¿Qué hay bajo el mito del amor materno? Quienes han indagado sobre la especificidad de lo mexicano, desde Samuel Ramos y Octavio Paz hasta Carlos Monsiváis y Roger Bartra, han abordado cuestiones que rozan el mito de la madre.

Carlos Monsiváis ha señalado que la cifra de películas mexicanas producidas entre los años cuarenta y los cincuenta que propositivamente toman el tema de la madre ronda las mil [...]. Sin embargo, estas interpretaciones no dan elementos suficientes para explicar el crecimiento del mito de la *madrecita santa*, tan presente en la cultura mexicana.

El proceso social yucateco, generado por la Revolución mexicana, alentó un movimiento feminista que realizó su primer congreso en Yucatán en 1916. Entre otras cosas fue discutida la maternidad, planteándose la necesidad de libre elección y aconsejando a las mujeres evitar embarazos no deseados.

Las críticas al pueblo yucateco, en especial a sus mujeres, no tardaron. Entre marzo y abril de 1922 varios periódicos locales emprenden una campaña contra las feministas y sus propuestas inmorales para evitar la procreación. En este contexto, Excélsior retoma la celebración norteamericana del Día de la Madres, y convoca, en 1922, a un festejo igual, con el apoyo decidido de Vasconcelos, entonces Secretario de Educación Pública, del arzobispo primado de México, la Cruz Roja y las Cámaras de Comercio.

También parte de Excélsior la iniciativa, en 1927, de construir un Monumento a la Madre, que el presidente Miguel Alemán inaugura en 1949. Dicho monumento lleva el lema «A la que nos amó antes de conocernos».

Escanee para escuchar el episodio.

Lamas, M. (1995). ¿Madrecita santa? En Florescano, E. (coord.). *Mitos Mexicanos*. México: Aguilar.

EP. 57: ANTONIO CASO, EL HOMBRE
ISIDRO FABELA

Porque Antonio Caso fue antes que todo, un hombre libre que ganó su emancipación a fuerza de rebeldías, de dignidad y de pobrezas. [...] No aceptó, no concibió ninguna esclavitud, y menos aún la del pensamiento.

_____

Buscando la verdad y enseñándola con una gran cordialidad docta y serena, y amando todo lo que es hermoso y rítmico, es como pasó su existencia toda este pensador artista que iluminara con su antorcha apostólica la senda espiritual de varias generaciones mexicanas que lo respetan y admiran.

_____

Porque en Caso todo es pasión: el estudio, la cátedra, el amor y el dolor. Él sabe que sin pasión nada se alcanza ni perfecciona y por ello a todos sus actos y a todas sus ideas los iluminó con esa su hoguera inextinguible.

_____

La santa pobreza de Antonio Caso fue su orgullo, porque fue su poder, su escudo, su capital. Caso, limitado de dinero, era rico de libertades. [...] Caso amó su pobreza con deleite porque en ella sintiose dueño absoluto de su propia verdad, de su propia convicción, de su completa autonomía íntima.

_____

En el corazón de Caso no anidaron las malas pasiones; por eso vivió tranquilo, porque no le preocupó la imaginación de un castigo, ni el aguijón de la envidia, ni tuvo entendederas para la inquina.

_____

Caso amó la soledad porque en ella se pudo hundir en su amargura, sin ruido ni testigos, y él amó el dolor que es una forma de amar la belleza.

Escanee para escuchar el episodio.

Fabela, I. (26 de ocubre de 1953). Antonio Caso, el hombre. *El Informador*.

EP. 58: EL INDIGENISTA
MAURICIO TENORIO TRILLO

Uno de estos protagonistas es el que hoy llamamos indigenista, pero que históricamente ha respondido a distintos nombres: protector de los indios, patriota, o «indianista» (a principios del siglo XX).

A veces va de sacerdote, otras de filántropo, otras de historiador, otras de guerrillero y otras muchas de antropólogo.

Un retrato fugaz del indigenista nos revelaría muy pocas certezas sobre este carácter histórico, como que el indigenista no es indio, no tiene un solo rostro, y que más bien parece ser el polizonte de la travesía histórica que fue la construcción de una identidad nacionalista.

Tristemente, la efigie histórica del indigenista no es indígena; por ello es precisamente «indigenista». Los orígenes del indigenismo mexicano son criollos. El indígena fue «el otro» visto, estimado y apropiado por una tarea de autodefinición criolla.

Bernardino de Sahagún o Bartolomé de las Casas podrían ser considerados ejemplos de un primer tipo de indigenista. Las ideas del padre Clavijero y de Servando Teresa de Mier son muestras de otro indigenismo, el nacionalista criollo que encontró en el pasado indígena la épica que daba a México el carácter de verdadera nación.

Escanee para escuchar el episodio.

Tenorio Trillo, M. (1995). El indigenista. En Florescano, E. (coord.), *Mitos Mexicanos*. México: Aguilar.

EP. 59: DISCURSO ANTE EL CONGRESO, 1856

IGNACIO RAMÍREZ, EL NIGROMANTE

El proyecto de Constitución que hoy se encuentra sometido a las luces de vuestra soberanía, revela en sus autores un estudio, no despreciable, de los sistemas políticos de nuestro siglo; pero al mismo tiempo un olvido inconcebible de las necesidades positivas de nuestra patria.

El pacto social que se nos ha propuesto se funda en una ficción; he aquí como comienza: «En el nombre de Dios... los representantes de los diferentes estados que componen la República de México... cumplen con su alto encargo...».

El nombre de Dios ha producido en todas partes el derecho divino; y la historia del derecho divino está escrita por la mano de los opresores con el sudor y la sangre de los pueblos.

Señores, yo por mi parte lo declaro, yo no he venido a este lugar preparado por éxtasis ni por revelaciones; la única misión que desempeño no como místico, sino como profano, está en mi credencial. [...] Es muy respetable el encargo de formar una Constitución, para que yo la comience mintiendo.

Señores, [...] formemos una Constitución que se funde en el privilegio de los menesterosos, de los ignorantes, de los débiles, para que de este modo mejoremos nuestra raza; y para que el poder público no sea otra cosa más que la beneficencia organizada.

Escanee para escuchar el episodio.

Ramírez, I. (1856). Discurso ante el Congreso Constituyente de 1856. En Zarco, F. *Historia del Congreso Extraordinario Constituyente [1856 y 1857]*. Imprenta de Ignacio Cumplido.

EP. 60: LOS PRECURSORES DE LA INDEPENDENCIA (SIGLO XVI)
LUIS GONZÁLEZ OBREGÓN

Las primeras discordias entre los que han celebrado una empresa, surgen a la hora del reparto de las utilidades, y si es una empresa guerrera, a la hora de conceder los premios y de distribuir los despojos.

La repartición de solares en la nueva México que se levantaba de entre los escombros de la antigua, la distribución de heredades, granjas y huertas en los campos circunvecinos, los indios encomendados para las faenas agrícolas o para la explotación de los minerales, fueron engendrando rebeldes numerosos en contra de Cortés.

Cortés para satisfacción propia y contentar a los quejosos, no se había detenido en medios a fin de borrar el desencanto de los sueños irrealizados por su gente y hartar su codicia sin límites.

Se formaron así dos partidos. El del Conquistador, constituido por sus capitanes, soldados, criados, parientes y primeros pobladores, a quienes había pródigamente favorecido, y el del Rey, integrado por los murmuradores y las personas encargadas de representar a la Majestad del Monarca español.

Pero aunque la idea de emancipación estaba sin duda más arraigada en el ánimo de los soldados conquistadores, todas las sospechas recayeron sobre Cortés personalmente, y todas las acusaciones eran dirigidas contra él, suponiendo, no sin fundamento, que como jefe y capitán había sugerido a sus partidarios y subordinados tal idea, a fin de satisfacer sus ambiciones de riquezas y de mando absoluto en la Nueva España.

Escanee para escuchar el episodio.

González Obregón, L. (1906). El partido del rey y el partido de Cortés. En *Los precursores de la Independencia mexicana en el siglo XVI*. México: Librería del Vda. de C. Bouret.

EP. 61: SOBRE LA LIBERTAD DE PENSAR, HABLAR Y ESCRIBIR
JOSÉ MARÍA LUIS MORA

Si en los tiempos de Tácito era una felicidad rara la facultad de pensar como se quería y hablar como se pensaba, en los nuestros sería una desgracia suma, y un indicio poco favorable a nuestra nación e instituciones, si se tratase de poner límites a la libertad de pensar, hablar y escribir.

No es posible poner límites a la facultad de pensar; no es asequible, justo ni conveniente impedir se exprese de palabra o por escrito lo que se piensa. Precisamente porque los actos del entendimiento son necesarios en el orden metafísico, deben ser libres de toda violencia y coacción en el orden político.

Los gobiernos, sin exceptuar sino muy pocos entre los que se llaman libres, siempre han estado alerta contra todo lo que es disminuir sus facultades y hacer patentes sus excesos. De aquí es que no pierden medio para encadenar el pensamiento, erigiendo en crímenes las opiniones que no acomodan, y llamando delincuentes a los que las profesan.

Jamás nos cansaremos de repetirlo: la libertad de opiniones sobre la doctrina nunca ha sido funesta a ningún pueblo; pero todos los sucesos de la historia moderna acreditan hasta la última evidencia los peligros y riesgos que han corrido las naciones, cuando alguna facción ha llegado a apoderarse de la imprenta, ha dominado el gobierno, y valiéndose de él, ha hecho callar por el terror a los que podían ilustrarlo.

Escanee para escuchar el episodio.

Luis Mora, J. M. (1827). Sobre la libertad de pensar, hablar y escribir. *El Observador de la República Mexicana*.

EP. 62: SOBRE LOS MEDIOS DE QUE SE VALE LA AMBICIÓN
JOSÉ MARÍA LUIS MORA

El amor al poder, innato en el hombre y siempre progresivo en el gobierno, es mucho más temible en las repúblicas que en las monarquías. [...] En un pueblo nuevo que por su inexperiencia jamás ha conocido la libertad, los demagogos tienen un campo inmenso en qué ejercitar sus intrigas, dando rienda suelta a su ambición.

———————————

Los pueblos después de mil oscilaciones y vaivenes, pasado el terror de la anarquía, forman una mala o mediana constitución, y entonces es otra la suerte que les espera.

———————————

La suerte de la libertad y la existencia de la república se hallan al borde del precipicio desde el momento en que se cree o afecta creerse que reconocen por base la existencia política de un solo hombre.

———————————

Sí, pueblos y naciones que habéis adoptado un sistema de gobierno tan benéfico como delicado; estad muy alerta contra todo aquel que pretenda hacerse necesario y darse más importancia que la que permiten a los que ocupan los puestos públicos, las constituciones y las leyes.

———————————

Persuádanse pues los ciudadanos que tienen la felicidad de pertenecer a una república que para su régimen ha adoptado instituciones libres, de la importancia de poner un freno al gobierno que traspase o pretenda traspasar los límites que ponen coto a su poder.

Escanee para escuchar el episodio.

Luis Mora, J. M. (1827). Sobre los medios de que se vale la ambición para destruir la libertad. *El Observador de la República Mexicana*.

EP. 63: EL HOMBRE FINO. MANUAL DE URBANIDAD
MARIANO DE REMENTERÍA Y FICA

Un convite a un baile debe hacerse a lo menos ocho días antes, pues es indispensable todo este tiempo para que las señoras dispongan sus adornos.

Al entrar en la sala de baile, no se debe abandonar a las señoras para pasar a la pieza de juego; antes bien debéis pensar que ellas se han calzado aquel día por vosotros. [...] Hacedlas, pues, bailar, porque además de que es un acto de civilidad, se gana por otra parte todo el dinero que se perdería en la sala inmediata. [...] Ya en el día se valsea poco, pero en fin se valsea: absteneos de entrar en este baile si no le conocéis y si tenéis oído duro o falso.

Es una gran falta y tiene sus inconvenientes el creerse obligados a dar conversación a su pareja, y apurarla con preguntas de cosas insignificantes y a las que sin embargo tiene que responder, como las de *¿hace calor?, ¿le gusta a Ud. mucho el baile, señorita?*

Debe cuidar mucho el hombre cortés de que no falten los refrescos a las damas; pues, aunque este es un cargo del bastonero, no es fuera del caso desvelarse por las señoras conocidas, o por aquellas con quienes acaba de bailar.

No todas las mujeres son bonitas ni todas tienen aquella gracia y belleza que las distinguen particularmente. [...] Con esta especie de señoras hablad siempre y os convenceréis de que la fealdad por lo común es aguda, y que un alma noble, y una imaginación brillante y cultivada, pueden ocultarse bajo facciones menos hermosas.

Escanee para escuchar el episodio.

De Rementería y Fica, M. (trad.). (1829). *El hombre fino, al gusto del día*. Madrid: Imprenta de Moreno.

EP. 64: MIS TIEMPOS
JOSÉ LÓPEZ PORTILLO

El chorro vital de mi existencia arranca de una infancia feliz. Sí, feliz. A propósito de la felicidad recuerdo una escena que viví en la casa presidencial de Los Pinos, con mis hijos, tal vez en 1981. Era una tarde tibia de un domingo en que, por excepción, yo no había salido de gira.

Estábamos sentados en el pasto, los niños jugando y todos mis hijos, conmigo, conversando, bromeando o callando, suave y dulcemente y sin tropiezos.

Estábamos juntos y, después de un silencio grato, les dije: «...Miren hijos, la felicidad, no es mucho más que este momento». Y lo sigo creyendo: la felicidad es simple, muy simple. Es suave y tierna; es tímida y humilde. Está hecha de armonía que permite sentirla con las yemas de los dedos; saborearla, verla, oírla, como se ve a un niño jugar y moverse; como se admira el mar o como se abstrae uno viendo las llamas consumir un leño. Cuando hay disposición, capacidad para sentir lo simple de la felicidad, está uno muy cerca de ella. «No esperemos —añadí— que la felicidad se nos presente como una gran señora envuelta en hermosos ropajes y nos diga: 'La felicidad soy yo y estoy contigo'. No, muchachos. Aprendan a vivir la felicidad en momentos tan tiernos como éstos que tenemos la dicha de vivir juntos y porque estamos juntos».

Así recuerdo la felicidad de mi infancia, cuya substancia era, sin duda, el amor que mis padres se tenían y que a todos nos cobijaba [...].

Escanee para escuchar el episodio.

López Portillo, J. (1988). *Mis tiempos*. México: Fernández Editores.

EP. 65: LA ALAMEDA
JOSÉ DE JESÚS NÚÑEZ Y DOMÍNGUEZ

La más bella sonrisa de la Ciudad de México, para seguir el lindo símil del poeta francés, es la Alameda. [...] Y es preciso que se les rememore cuando se trata de saber qué circunstancias contribuyeron a que se estableciera la Alameda, jardín por extremo bello, como le llama un cronista.

El octavo virrey de la nueva España, Don Luis de Velasco [...] fue quien concibió y llevó a cabo el proyecto de una alameda para recreación de los vecinos. [...] Juntose a los regidores y en su compañía salió a examinar el sitio elegido. Y una vez que efectuó esa visita, ordenó al alarife de la ciudad, Cristóbal Carballo, que procediera a formular el plano para el nuevo paseo.

En el año de 1592 quedaron totalmente plantados los árboles en los que abundaron los álamos y de ahí el nombre de este vergel. Aunque también se plantaron fresnos y sauces.

En 1851 se hermosearon los prados y callecillas. Se le puso una reja y se colocaron juegos hidráulicos cegándose algunas de las zanjas. A raíz de la consumación de la independencia, en la glorieta principal de la Alameda, comenzaron a celebrarse fiestas cívicas como el aniversario del 16 de septiembre.

Hubo una época en el México porfirista en que la Alameda fue el sitio predilecto de los paseos dominicales de las clases aristocrática y media. Hoy el virreinal paseo ha sufrido algunas transformaciones de acuerdo con el gusto imperante [...]. Muestra bancas de estilo colonial y se pretende que en breve todos los asientos que ofrece a sus visitantes, dentro y fuera de su recinto, sean también de azulejos para darle un más intenso sello evocador.

Escanee para escuchar el episodio.

Núñez y Domínguez, J. J. (1932). La Alameda, jardín y paseo tradicional de la ciudad de México. En *El Turista Mexicano*. México.

EP. 66: INFLUENCIA MORAL DE LA MÚSICA
IGNACIO MANUEL ALTAMIRANO

Hace algunos años apenas que en este país, donde las bellas artes debían ser el fruto natural de la tierra, como dice Voltaire de la Italia, el divino arte de la música, contando con numerosos adoradores, no tenía ni un templo ni una escuela.

El Conservatorio de Música se ha creado en nuestra primera ciudad; el arte tiene ya un templo que no podrán destruir ni las preocupaciones sociales, ni los trastornos de la política.

¿Qué influencia moral tiene la música en las sociedades? Pregunta es ésta que no puede resolverse de una manera absoluta.

Cada uno de nosotros, señores, prescindiendo de esta discusión histórica, conoce en su conciencia que el arte divino de la música, si no es por sí solo un motor de progreso, sí es evidentemente un auxiliar muy útil, un elemento de asociación y sobre todo un consuelo y una esperanza.

En efecto, volvamos la vista a todas partes y encontraremos que la música acompaña al hombre desde la cuna hasta el sepulcro; en la cuna con el canto de la madre; en el sepulcro, con los himnos de esperanza que la religión entona a las puertas de la eternidad.

En el salón, la ciencia musical traduce en notas las quejas del dolor, de la desesperación, las imprecaciones de la ira, los delirios del amor y los suspiros de la melancolía. El canto es lágrima, el canto es sollozo, el canto es gemido, el canto hiere, consuela, desespera o mata.

Escanee para escuchar el episodio.

Altamirano, I. (4 de abril de 1870). Influencia moral de la música. Discurso en el acto de distribuirse los premios a los alumnos del Conservatorio de Música, en el salón de la ex Universidad, el 8 de enero de 1870. *El Siglo Diez y Nueve*. México.

EP. 67: LOMBARDO TOLEDANO, NOMBRE DE UN TIEMPO
JOSÉ REVUELTAS

Hoy Lombardo no es otra cosa que un campo donde chocan los extremos más radicales del odio y del cariño. Los enemigos quisieran destrozarlo, acabarlo, destruirlo hasta sus últimas partículas; los amigos estarían dispuestos a cambiar sus vidas y las de sus familiares por la suya.

Un hombre así no puede ser otra cosa que un hombre histórico, es decir, un hombre que en sí mismo refleja los choques históricos de su tiempo. Por eso es aleccionadora, reconfortante la presencia de Lombardo Toledano: nos indica que estamos viviendo, que estamos combatiendo, y que a México —este México en quien muchos mexicanos no tienen fe y a quien consideran en su fuero interno como un país inferior—, le ha tocado dar esa señal de madurez, de riqueza humana que es el contar con un Lombardo Toledano.

Lombardo Toledano es el nombre de un tiempo americano. Junto a otros grandes nombres, es el nombre de una época mundial que se llama transición del capitalismo al socialismo, tiempo de Revolución.

La quiebra de Lombardo con el espiritualismo, no fue sólo un signo de madurez ideológica del propio Lombardo, sino un signo de madurez del mismo México, que con Lombardo ganaba uno de los exponentes modernos más vigorosos y combativos del materialismo dialéctico.

Logra Lombardo Toledano así, como intelectual, dignificar el pensamiento, al revés de los otros intelectuales que lo esterilizan y prostituyen [...]. Esta «razón viva» es la fuerza de Lombardo. Es, también, el porvenir y la esperanza de México.

Escanee para escuchar el episodio.

Revueltas, J. (diciembre de 1942). Lombardo Toledano. Nombre de un tiempo. En *Futuro*, (82). México.

EP. 68-71: IDEA DE LA HISTORIA

ALFONSO REYES

Un eminente amigo, el doctor Lewis Hanke –a quien resulta difícil negarle nada–, me ha comprometido a exponer «mi idea de la Historia».

_____

Y el hecho de que el pasado, aunque fuera a veces malo en sí mismo, nos pareciera en algún modo mejor que el presente, por sólo ser pasado –es decir, cosa desligada de las inmediatas urgencias con que la vida, doliéndonos, se deja sentir en nosotros– me llevó a comprender de paso el valor estético de la Historia: ciencia, por su apego a la verdad posible; poesía, por el aura de belleza que acompaña a toda evocación de lo ya acontecido.

_____

Y aunque sin materia prima no hay historia, tampoco y mucho menos la habría sin la interpretación y la narración. De cada mil datos nuevos, queda uno que verdaderamente importe, y los demás o repiten lo ya entendido o son amenidades biográficas en el mejor de los casos, y en el peor de los casos, murmuraciones de escaleras abajo.

_____

Ni piedras ni documentos hablan por sí: el historiador es el ventrílocuo –o, si os parece más noble–, el mago que los hace hablar.

_____

Dato comprobado, interpretación comprensiva y buena forma artística son los tres puntos que cierran el «triángulo de las fuerzas», y ninguno debe faltar.

Escanee para escuchar el episodio.

Reyes, A. (1950). Mi idea de la Historia. En *Memoria del Primer Congreso de Historiadores de México y los Estados Unidos celebrado en la ciudad de Monterrey, Nuevo León, México, del 4 al 9 de septiembre de 1949*. México: Editorial Cultura.

EP. 72: EL PULQUERO
JOSÉ MARÍA RIVERA

Conocemos un poco al pulquero en sus diversas especies, esto es, al *pulquero topador*, al ídem *vendedor,* y al ídem *jicarero.*

Su rostro es algo encendido, sus ojos son brillantes, y boca, merced a ciertas líneas muy marcadas, manifiesta ser un tanto parlanchina, síntomas y signos que están confirmando aquel adagio: *El que anda entre la miel algo se le pega.*

Su traje es bien sencillo. Modesto en sus vestidos, el *pulquero* tiene la dicha de no impedir la salvación de sastres y vendedores de ropa, cosa de que no pueden gloriarse las mujeres y los *pollos.*

Así pasa la vida nuestro personaje, siempre alegre, siempre de buen humor y siempre buscando los medios para atraer parroquianos y subir las ventas, hasta elevar su casilla al rango y fama de la celebrada pulquería del Cuernito.

Hoy el pulquero tiene un enemigo formidable, y que bien puede llamarle su república vecina. Este individuo es el cervecero, cuya maldita cerveza ha desalojado al pulque de las mesas aristocráticas, compite con él en la clase media, y tiene ya algunos adeptos entre el pueblo bajo.

Su único afán es aumentar su fortuna, cosa que por desgracia no consigue, y regularmente muere en la miseria, sin dejar tras de sí un recuerdo ni un nombre esclarecido.

Escanee para escuchar el episodio.

Rivera, J. M. (1854). El Pulquero. En *Los mexicanos pintados por sí mismos*. México: Imprenta de M. Murgía y Comp.

EP. 73-74: LA GÜERA RODRÍGUEZ
ARTEMIO DE VALLE-ARIZPE

Estaba México entero lleno de su presencia y así afamó su nombre y persona hasta estos tiempos. No había en la ciudad quien no la admirase. Los de arriba se preciaban de su amistad y compañía, los de abajo contentábanse solamente, alegres y admirados, de verla pasar muy hermosa, sonriente y vertiendo agrados por sus ojos.

———————————•—••—•—•———————————

A ella se le atribuye la desdeñosa frase en la que se dice «fuera de México, todo es Cuautitlán».

———————————•—••—•—•———————————

Se contaba que un fulano de por el barrio popular de Peralvillo, prieto él, reparado de un ojo, feísimo de rostro en el que se veía el indeleble adorno de una ancha y roja cicatriz de cuchillada, hallábase prendado furiosamente de la Güera Rodríguez, a quien se le quedaba viendo embobado con la dulce mirada lagrimeante de su único ojo.

———————————•—••—•—•———————————

El enamoradizo sujeto sin inmutarse, ni con temblores en el corazón ni menos en la voz, le dijo muy decidido:
—Diablo, dame veinte mil pesos que necesito, tráeme a la Güera Rodríguez que necesito mucho más y en cambio te daré mi alma.
El horribilísimo demonio respondió:
—Oye tú, no me ofrezcas tu recochina alma que ya es mía por todo lo que haces a diario. ¡Si quieres tener dinero, trabaja para que lo ganes, grandísimo sinvergüenza, y en cuanto a la Güera Rodríguez, para mí la quisiera, tuerto desgraciado!

———————————•—••—•—•———————————

—Demonio, anda y tizna a tu madre —dijo concisamente el despechado media luz y lanzó al aire un brazo en un amplio ademán de desprecio, y para más acentuar este desdén echó gruesa escupitina por un colmillo y se fue muy triste a su casa.

Escanee para escuchar el episodio.

De Valle-Arizpe, A. (2005). *La Güera Rodríguez*. México: Lectorum.

EP. 75: LA SUCESIÓN PRESIDENCIAL
DANIEL COSÍO VILLEGAS

Es bien conocida la observación hecha por antropólogos e historiadores de que el mexicano de todos los tiempos ha tenido frente al jefe de la tribu o del Estado una actitud de verdadera veneración, pues de tal ser superior espera el milagro de que un gesto o una palabra le devuelva la riqueza o el bienestar.

———————

La opinión del mexicano común y corriente varía según su grado de descreimiento o de credulidad. Todos coinciden en que el Presidente saliente escoge a su heredero, pero no así en los motivos del escogimiento.

———————

La primera causa de la preferencia es la lealtad con que el escogido en ciernes ha apoyado su gestión, pero sobre todo la que pueda prestarle cuando el Presidente deje el poder, pues de lo contrario quedaría expuesto a que el sucesor tienda al sol algún trapito sucio.

———————

Es poco, cierto, pero algo es algo, ya que ha permitido clasificar a los aspirantes en cuatro categorías: los irremediablemente ineptos; los inocentes o torpes políticos; los que, por una razón específica, no por fuerza la ineptitud, quedan descartados, y los viables.

———————

La iniciativa la seguirán conservando el Presidente y los jerarcas del PRI, pero todos ellos deben estar preparados a oír un veto claro y hasta alguna acción reprobatoria indudable, que, además, puede dañar al gobierno y de paso al país.

Escanee para escuchar el episodio.

Cosío Villegas, D. (1975). *La sucesión presidencial*. México: J. Mortiz.

EP. 76: BAJA CALIFORNIA
MIGUEL LEÓN-PORTILLA

Pocas personas conocían la historia de la California que seguía siendo mexicana. Su territorio, a pesar de ser muy grande, se hallaba casi en el olvido.

———————————

Un día, platicando con don Carlos Pellicer que acababa de regresar de un recorrido por la California mexicana, lo escuché ponderar las maravillas de su rica naturaleza y las bondades de sus habitantes. Don Carlos decía que aquello era un paraíso en el que sus pobladores eran del todo ajenos al pecado original.

———————————

Dando tumbos en la camioneta que nos transportaba, esa fue nuestra introducción vivencial a la California mexicana: millares de cardones que se erguían como brazos que apuntaban al cielo, pitahayas dulces y amargas, biznagas, palos verdes y blancos, algunos mezquites, arroyos secos, pedruscos por todas partes, sierras escarpadas y asimismo las aguas azules del mar de Cortés y, cerca de cabo San Lucas, más allá del famoso arco de rocas, las más agitadas del Pacífico.

———————————

Ver todo esto, experimentarlo en vivencias a las que la evocación histórica colmaba de significación, fue para nosotros —Ascensión y yo— sentirnos cerca de un encuentro que se había desarrollado hacía más de dos siglos y medio.

———————————

El Centro de Investigaciones Históricas UNAM-UABC nació a la vida —tras firmar un convenio en el Observatorio Nacional en la Sierra de San Pedro Mártir— hace ahora (1995) veinte años.

Escanee para escuchar el episodio.

León-Portilla, M. (2000). Mi interés y mis libros acerca de Baja California. En *La California mexicana. Ensayos acerca de su historia.* México: UNAM-UABC.

EP. 77: ORGANIZACIÓN DE FESTEJOS
JORGE IBARGÜENGOITIA

Una de las grandes frustraciones de mi vida es que nadie me haya invitado nunca a formar parte de esos comités que se encargan de inventar los festejos con que se va a conmemorar algún aniversario cívico.

Si a mí me invitaran a formar parte de uno de estos comités yo trataría, para abrir boca, de ponerme de acuerdo con mis compañeros sobre qué clase de personaje era el festejado. Es decir, de unificar su imagen. [...] ¿Qué hacer? Desde luego inventarle una frase célebre, que ponga de manifiesto la entereza de su ánimo ante la derrota total.

Hay que tener mucho cuidado al inventar estas frases célebres, porque aparecerán, en letras de oro, en los pedestales de todas las estatuas que se erijan en el año en cuestión.

Desgraciadamente, lo primero que se les ocurre a los comités encargados de formular el programa de festejos es hacer un monumento. [...] Hay que admitir que, si de hacer festejos se trata, no hay ceremonia más aburrida que la de descubrir una estatua, aun en el caso óptimo de que se atore el cordón y sea necesario llamar a los bomberos para que desde la escalera jalen la manta, y le dé insolación a la nieta del prócer.

Otro procedimiento para conmemorar, que se aplica a cualquier clase de festejados, consiste en sacar los restos del cadáver de donde estén enterrados y hacerlos viajar. Si están en el lugar en que el prócer murió, se llevan a donde nació, y si no, viceversa.

Escanee para escuchar el episodio.

Ibargüengoitia, J. (2014). Organización de festejos, el lado bueno de los próceres. Programa de festejos, Aniversarios cívicos. En: *Instrucciones para vivir en México*. México: Booket México.

EP. 78: VIDA DE CARTERO

JORGE IBARGÜENGOITIA

El cartero mío es mejor. Sabe leer, y distinguir entre las cinco familias que compartimos la misma dirección, aunque no la misma casa.

————————

Cuando recibí las tarjetas de Navidad en marzo, salí a la calle a buscar al cartero y le dije:
—¿Óigame, qué pasa?
—Es que ha aumentado mucho la correspondencia. Antes aquí no había ninguna casa y mire ahora todas las que hay. Y seguimos siendo el mismo número de carteros.

————————

Pero a todo se llega uno a acostumbrar. A leer periódicos con dos semanas de retraso, a empezar todas las cartas con la fórmula idiota de: «no vas a creérmelo, pero acabo de recibir tu atenta de hace tres semanas...».

————————

Me pongo de mal humor, salgo a la calle, ¿y a quién me encuentro? A mi cartero, hoy mecánico, haciendo talacha. O bien, al mismo, sentado en una banca del parque, con su novia.

————————

Fue sustituido unos días por otro. Era un hombre modelo que pasaba todos los días con su silbato, muy temprano. Nomás que nunca me entregó nada. Traía la bolsa de cartero vacía.

Escanee para escuchar el episodio.

Ibargüengoitia, J. (2014). Vida de cartero. En *Instrucciones para vivir en México*. México: Booket México.

EP. 79: LAS BIBLIOTECAS
JOSÉ VASCONCELOS

Cuando nosotros empezamos a crear no había, ni en la capital, una sola biblioteca moderna bien servida. La Nacional, instalada en edificio bello, pero impropio, ha sido y sigue siendo almacén de libros más bien que casa de información y de lectura. [...] Hacían falta, pues, edificios y libros. Para llegar a obtener ambos era necesario despertar el interés del pueblo por la lectura.

———————————————

—Lo que este país necesita es ponerse a leer *La Ilíada*. Voy a repartir cien mil Homeros en las escuelas nacionales y en las bibliotecas que vamos a instalar. [...] Y con sorpresa aparecieron por toda la República los primeros ejemplares, en pasta verde, de Homero, Esquilo, Eurípides, Platón, Dante, Goethe, etc.

———————————————

Lo que aquí viene al caso recordar es el escándalo perverso que se produjo cuando empezaron a circular los clásicos. Periodiqueros malévolos, intelectualillos despechados y la porción idiota del público divulgó la inepcia de que era disparatado editar clásicos para un pueblo que no sabía leer.

———————————————

No pude ni comenzar el edificio de nuestra Biblioteca Nacional. Pero logré, por lo menos, y mientras estuve en la Secretaría, defender el terreno que para una obra parecida había apartado la previsión de don Justo Sierra, el más ilustre de nuestros antecesores.

———————————————

Pasó el tiempo; llegó el callismo, cambió el personal de Educación, pero el Malora se hizo más poderoso. Finalmente, triunfó; un hotel particular de su propiedad, o de socios suyos, usurpa a la fecha el espacio en que Justo Sierra y yo soñamos que se alzarían cúpulas bizantinas, en el estilo de nuestras mejores iglesias, para albergar los tesoros de las imprentas del mundo.

[133]

Escanee para escuchar el episodio.

Vasconcelos, J. (1982). *Memorias. El desastre*. México: FCE.

EP. 80: LAS TENTACIONES DEL OFICIO
JOSÉ VASCONCELOS

Sólo la pasión que mi propia obra me inspiraba me defendió de caer en el otorgamiento de dádivas sin programa [...]. De la tentación de conceder favores personales menudos a cambio de servicios galantes, no sé qué es lo que me defendió.

Y no procedía por reflexión, sino por irritación. Me ofendía que alguien me creyese capaz de distraer fondos del Gobierno en gastos indecorosos.

Solicitantes bonitas solían llegar a las audiencias, y por regla general las desahuciaba:
—Aquí se trabaja duro y se paga mal; usted no necesita sacrificarse; cásese mejor; está muy bonita...
Y se marchaban furiosas...

Pero mi fama de austero no bastaba a librarme de ciertas ocurrencias, como la que narraré en seguida, provocada, en realidad, por una indiscreción de mi parte.

Segura de su poder aceptó el asiento que le ofrecí a mi lado. [...] Entretanto, ella explicaba: Tenía empresario, pero le hacían falta para presentarse un par de miles de pesos, como quien dice nada para una Secretaría que estaba convocando un renacimiento del arte.

Levanté sobre la mesa ambos puños cerrados, y olvidándome de la crudeza de la respuesta, clamé:
—Aquí no nos importa el arte. ¿Dos mil pesos? Con dos mil pesos tengo cien bancos de escuela y hay un millón de niños que no tienen donde sentarse... Usted me perdonará; no puedo. No; imposible.

[135]

Escanee para escuchar el episodio.

Vasconcelos, J. (1982). *Memorias. El desastre*. México: FCE.

EP. 81: ENTREVISTA A PLUTARCO ELÍAS CALLES, 1936
JOSÉ C. VALADÉS

Después de hablar de su pasado y presente políticos, después de referirse con claridad meridiana a los problemas nacionales e internacionales, el expresidente de la república general Plutarco Elías Calles dijo que en materia religiosa es un descreído; en la cuestión social, un antimarxista; en política, un desengañado.

Le pregunto si no volvería a la política si se lo pidieran sus amigos, y entonces arrojando una bocanada de humo, casi se sienta sobre el lecho y mirándome ahora fijamente con los pequeños ojos en los cuales brilla una viva inteligencia y una energía de hombre combativo, y dice con un gesto desdeñoso:
—¿Amigos? ¿Dice usted mis amigos...? Pues ni así volveré a la vida pública; mi resolución es invariable.

Calles habla con el reposo y el énfasis de un hombre que ha gobernado al país; que conoce a México y a los mexicanos; que sabe lo que quiere y a dónde se puede ir.

—Los políticos mexicanos, los políticos, nuestros políticos, son como los políticos de todo el mundo: carecen de principios, abandonan a sus jefes y amigos. Son tan pocos los hombres leales. La política, amigo, es una cloaca, siempre lo ha sido.

—Hombre, hombre, si yo los conozco a todos, los he tenido aquí... Y el ex presidente extiende el brazo, muestra la palma de la mano, y parece como indicar allí. Sobre esa palma han bailado o ha hecho bailar a los numerosos cortesanos que ahora pretenden tener las características del hombre combativo.

Escanee para escuchar el episodio.

Valadés, J. (27 de octubre de 1962). Últimas palabras de Calles antes del destierro. En *Mañana*. México.

EP. 82: SEIS AÑOS DE CARDENISMO
JOSÉ C. VALADÉS

El general Cárdenas subió al poder el primero de diciembre de 1934, casi sin oposición alguna, apoyado por un partido que, como el callista, tenía la dominación casi absoluta del país desde 1924.

Cárdenas dejó a México, después de seis años de gobierno, un caudal que solamente podrá ser conocido penetrando en el alma de pueblo mexicano.

Las objeciones son justas, pues, aunque a veces exageradas por las pasiones políticas, lo cierto es que al gobierno cardenista le faltó el sentido de la dirección de las grandes cosas. Mas no es posible exigir a un gobernante, a menos de que no se trate de un genio, que posea los atributos unidos que sólo a éste pertenecen.

Uno de los grandes tropiezos que seguramente encontró el general Cárdenas en su ambición de hacer el bien fue la falta de hombres que tuvieran los mismos propósitos y el mismo deseo de penetrar en el alma humana. Por esto también sus ministros fueron, con singulares excepciones, personas vacuas, sin ideas, sin proyectos, sin personalidad y dispuestos a decir sí a todos los negocios que planteaba el jefe del Ejecutivo.

Sin embargo, es necesario elogiar la labor del general Cárdenas al traer a México a los refugiados españoles. Todavía no es conocido el alcance verdadero que tiene esta obra. ¡Qué de recursos de trabajo, de técnica y de cultura se ha allegado el país con la inmigración española!

Escanee para escuchar el episodio.

Valadés, J. (2011). Seis años de cardenismo. En *La Revolución y los revolucionarios, Tomo VIII. Estado Constitucional. Su Consolidación.* México: INEHRM.

EP. 83: MANUEL ÁVILA CAMACHO: «¡SOY CREYENTE!»
JOSÉ C. VALADÉS

Aunque opaco en sus frases, tenía instantes de lucimiento. Daba la idea del individuo que sólo por indolencia no ha abierto las páginas del libro universal. Su caracterología era notoriamente la de quien no queriendo hacer mal a nadie, en el balance de su vida hace más males que bienes.

Cuando le pregunté cuál era su religión, de una manera categórica contestó que la católica, apostólica y romana. Lo dijo con entereza. Ningún otro presidente de México, desde hacía años, tuvo tamaño atrevimiento. Nada me atrae más en un hombre que cuando pronuncia la verdad, aunque ésta sea contraria a mi pensar. Con esa declaración, lo comprendí al instante, Ávila Camacho conquistaría a una parte de los mexicanos cuya inclinación hacia Almazán tenía todos los visos de ser decisiva.

Las palabras de Ávila Camacho, pues, fueron causa de una tempestad; y confieso que temí en la flexibilidad del presidente electo. Me equivoqué. Ávila Camacho hizo honor a la verdad. Siempre me han sido repugnantes quienes se desdicen o quienes, por complacencia momentánea, prometen y no cumplen.

Quien esté acostumbrado a manejar documentos históricos sabe que tarde o temprano la luz de la verdad brilla con la esplendidez que tiene en nuestro trópico. A veces, la forma literaria o la pasión, pueden dar determinada ocultación al sentido estricto de un vocablo o de una frase; pero ni los hechos generales ni los particulares pueden en su esencia permanecer en la obscuridad eterna.

Escanee para escuchar el episodio.

Valadés, J. (diciembre de 1995). Dos textos. En *Revista de la Universidad*. Recuperado de: https://bit.ly/3HxVu5X

EP. 84: ENTREVISTA A PORFIRIO DÍAZ

JAMES CREELMAN

Desde la prominencia del Castillo de Chapultepec contemplaba el presidente Díaz la venerada capital de su país, que se extiende sobre una vasta llanura rodeada de montañas imponentes, mientras que yo, que había realizado un viaje de cuatro mil millas desde Nueva York, para ver al héroe y señor del México moderno, al hábil conductor en cuyas venas corren mezcladas la sangre de los aborígenes mixtecas, con la de los invasores españoles, admiraba con interés inexplicable aquella figura esbelta y marcial, de fisonomía dominante y al mismo tiempo dulce.

———————

El general Díaz ha gobernado la república de México durante veintisiete años con tal poder, que las elecciones nacionales han venido a convertirse en mera fórmula. Bien pudiera haber colocado sobre su cabeza la corona imperial. Sin embargo, ese hombre sorprendente, primera figura del continente americano, hombre enigmático para los que estudian la ciencia de gobernar, declara ante el mundo que se retirará de la Presidencia de la República a la expiración de su periodo actual.

———————

«Puedo separarme de la presidencia de México sin pesadumbre o arrepentimiento; pero no podré, mientras viva, dejar de servir a este país. [...] He esperado con paciencia el día en que la república de México esté preparada para escoger y cambiar sus gobernantes en cada periodo sin peligro de guerras, ni daño al crédito y al progreso nacionales. Creo que ese día ha llegado...».

———————

Como no soy poeta, músico ni mexicano, sino únicamente un americano que ama la justicia y la libertad, considero a Porfirio Díaz, presidente de México, como uno de los hombres a cuyo heroísmo debe rendir culto la humanidad entera.

Escanee para escuchar el episodio.

James Creelman, Entrevista Díaz-Creelman, traducción de Mario Julio del Campo, 2a. edición, México, 2008, Universidad Nacional Autónoma de México, Instituto de Investigaciones Históricas. (S. Documental 2).

EP. 85: CURIOSIDADES Y ANÉCDOTAS DE LA HISTORIA
VV. AA.

En 1898 la prensa sensacionalista dirigió una mirada intensa al caso de la muerte misteriosa de una hermosa enfermera. La chica había fallecido en el consultorio de un médico joven con el que mantenía una relación amorosa. Había muerto de una hemorragia incontenible y había sido enterrada con precipitación y sin autopsia. Entre mentiras del sospechoso e investigaciones de la policía, se llegó a la conclusión de que era necesario exhumar el cuerpo de la joven para investigar la enfermedad y causa de la muerte. Las exhumaciones no eran comunes, pero no extrañas y se consideraban higiénicas pues se bañaban con desinfectante el ataúd y el cadáver. La opinión pública se inquietó por la posibilidad de que el médico ligado a la ciencia hubiera tenido acciones inmorales con o contra la fallecida; por esos tiempos se criticaba mucho a los médicos que se embriagaban, corrompían o escandalizaban, es decir, se consideraban incompatibles la ciencia y la moralidad. Algunos diarios conservadores tiraron leña al fuego considerando a la inmoralidad producto de la modernidad y ciencia, y denominaron pornografía a las publicaciones médicas; tal fue el caso de *El Imparcial*. En la autopsia se descubrió que la señorita había fallecido de una hemorragia ocasionada por un aborto. El médico fue acusado de homicidio y encerrado en la cárcel.

Escanee para escuchar el episodio.

Buelma, M. et al. (2013). *Curiosidades y anécdotas de la historia de México*. México: UAM/Secretaría de Hacienda y Crédito Público. Disponible en http://hdl.handle.net/11191/606

EP. 86-88: PUEBLO EN VILO
LUIS GONZÁLEZ Y GONZÁLEZ

Ya nadie me da un trago de leche para mis criaturas. Pongo agua a calentar y les hago té de hojas de naranjo o de lo que sea, y se los doy con alguna tortilla, y después de que se lo toman doy gracias a Dios por haber tenido con qué engañarles el hambre.

Ayer hubo una tempestad y un tremendo aguacero. Por la primera vez en este año creció el río de la Pasión y le llevó a tu papá ocho becerros, de los cuales tres pudieron salirse medio ahogados. Polino Partida salió muy temprano en su bicicleta a ordeñar sus vacas. Como todavía estaba oscuro se tropezó con un animal muerto que estaba en la carretera; fue a dar contra unos riscos y se mató.

Para los dolores de cabeza y la debilidad no hay como la leche recién ordeñada en medio jarro de alcohol y chocolate. Con eso, con los pajaretes, las criaturas de mi compadre se iniciaron en la borrachera.

Yo le digo a mis hijos: váyanse a buscar la vida, a ver si en otra parte pueden hacer algo. Todos los meses salen familias enteras para la capital. ¡Ah si hubiera en San José fuentes de trabajo! No, cuantos menos bultos más claridad. [...] Aquí se trabaja a lo burro. A mí me da gusto ver que nuestra gente es trabajadora, le busca, le busca.

¿Cuándo tendremos un buen gobierno? No me digan que puede haber político honrado. Las que siempre andan juntas son la política y la desvergüenza. Prometen y no cumplen. Hablan porque tienen boca y abrazan porque tienen brazos. Puras promesas. [...] Aquí me puso Dios, aquí he vivido, y aunque a muchos les pese, aquí me muero.

Escanee para escuchar el episodio.

González y González, L. (2008). *Pueblo en vilo*. México: Clío, Historia para todos.

EP. 89: LAS PERSECUCIONES A LA PRENSA
RICARDO FLORES MAGÓN

Cuando los gobiernos son oligárquicos; cuando representan sólo una banda famélica, enseñoreada de los asuntos públicos, cuando la opinión es menospreciada y las libertades sólo existen en el papel, entonces el periódico de combate significa una impertinente censura que es preciso enmudecer.

Entonces se organiza una cacería tenaz de todo lo que respira independencia y al final de esas odiosas maniobras, cuando las cárceles están llenas de hombres honrados y las redacciones vacías, un ministro complaciente puede informar al Supremo Imperator que «la paz reina en Varsovia».

Pero esperemos la historia, ella hablará cuando la adulación haya callado y ella dirá que sólo acallan la voz de la prensa los gobiernos que la temen.

Entre nosotros, aun cuando se afirma que nuestras instituciones son la de un pueblo civilizado, y aun cuando nuestras leyes estén en concordancia con esa afirmación, se menosprecia la ley, se prescinde de la opinión y se sustituye con el más férreo y brutal de los absolutismos.

Si hubiésemos de forjar un pendón para esta generación caduca y envilecida, sólo podríamos exhibir un juez correccional encarcelando periodistas y un cabo de rurales ejecutando indefensos en una oculta barranca.

Escanee para escuchar el episodio.

Flores Magón, R. (1973). Las persecuciones a la prensa. En *Epistolario y textos de Ricardo Flores Magón*. México: Fondo de Cultura Económica.

EP. 90-92: MÉXICO ANTE LA SEGUNDA GUERRA MUNDIAL
VV. AA.

Cuando vimos cómo se desenvolvía el ambiente de preguerra, le informe al general Cárdenas que la guerra se iba a producir en cualquier momento. [...] Cuando ya llegaba el olor de la pólvora de los cañones alemanes tuve que salir de París y llegué, naturalmente con todas las dificultades del caso, pero con mucha suerte, a San Juan de la Luz.

————————————————

Tratamos de superar todos esos problemas y acomodarnos a aquella realidad, pero lo trágico estaba en la guerra misma y en la situación de mucha gente, de los españoles, de quienes habían participado en las Brigadas Internacionales, de todos los que habían participado en la Guerra Civil española; de todos aquellos fugitivos de Austria, de Alemania, de Polonia, de Yugoslavia, de Italia, que buscaron refugio en Francia, para quienes México tuvo una actitud, en ese momento, de protección.

————————————————

Después, en los suburbios de Marsella, establecimos los que se llamaron albergues: uno en el castillo de La Reynarde, para un gran grupo de hombres, y luego otro en el castillo de Montgrand para las mujeres y los niños de los campos.

————————————————

En el castillo de Montgrand, lo mismo que en el de La Reynarde, había enfermería con médicos y enfermeras de planta, pero también había asistencia personal por fuera, es decir, a los que estaban radicados fuera de los castillos se les atendía y se les daban medicinas; fue una acción humanitaria en el campo médico bastante amplia.

————————————————

De los alemanes tuvimos encima la vigilancia y el acoso, sobre todo de la Gestapo que estaba dominando todo.

Escanee para escuchar el episodio.

Liberman, L. (Comp.). (2015). Entrevista a Gilberto Bosques. En *De viva voz. Vida y obra de Gilberto Bosques. Entrevistas y testimonios.* México: El Colegio de México.

EP. 93: COLECCIÓN DE CARTAS AMOROSAS
CONSTANCIO S. SUÁREZ

Me han dicho que D. N. N. te viene a esperar a que salgas y te acompaña a donde vas. Es claro que algo tiene contigo, y como yo no soy pantalla de nadie, así es que me mandarás inmediatamente mis cartas y demás, pues no quiero que otro se burle de mí.

No trato de hacerte cargos porque una mujer como tú no merece más que el desprecio de la gente honrada, y el otro por quien me cambias será el mismo que me vengará de ti.

He comprendido que tomas un pretexto para dejarme a mí, porque tal vez ya tienes otra y para eso hubiera sido mejor que me lo hubieras dicho con franqueza, sin necesidad de calumniarme ni de insultarme. Los que merecen el desprecio de todos, son los hombres como tú que recurren a chismes para deshacer sus compromisos.

Mándame mis cartas y no vuelvas a acordarte ni del santo de mi nombre.

Escanee para escuchar el episodio.

Suárez, C. S., Vanegas Arroyo, A. y Posada, J. G. (s/f). *Colección de cartas amorosas*. Recuperado de https://digital.iai.spk-berlin.de/viewer/toc/74978167X/

EP. 94: LA SUCESIÓN PRESIDENCIAL EN 1910
FRANCISCO I. MADERO

Para apreciar debidamente la nefasta labor del poder absoluto veamos cuál es el ideal que debe perseguir todo gobierno que ama a la patria. [...] Ese ideal es el que aún alienta a todos los pechos generosos, a los que sobreponen el amor a la patria a todas sus ruines pasiones.

———

La nobleza de la virtud, del saber, del patriotismo, es completamente desconocida para la actual administración, que sólo premia las acciones de los que le sirven y lo adulan, y persigue a todos los de sentimientos elevados, que no se doblegan.

———

Además, los pueblos son siempre influenciados por el ejemplo de los de arriba. Éstos, embriagados por la adulación, poco a poco van dando rienda suelta a sus pasiones; por costumbre vulneran la ley; sus más solemnes protestas las ven como fórmulas vanas. El resultado es que el pueblo también va dando rienda suelta a sus pasiones, como lo atestigua el aumento pavoroso del alcoholismo, de la criminalidad, de la prostitución.

———

Los hombres superiores, los que con la clarividencia del patriotismo han visto el peligro, permanecen silenciosos; una mordaza terrible los ahoga; les impide articular una palabra.

———

La falta de libertad de imprenta ha ejercido su influencia especial en la marcha de la administración, no habiendo quien se atreva a denunciar las faltas de los funcionarios, no son bien conocidos del público y mucho menos de sus superiores.

Escanee para escuchar el episodio.

Madero, F. I. (1908). Consecuencias del poder absoluto en México. Balance al poder absoluto en México. En *La sucesión presidencial en 1910*. San Pedro, Coahuila.

EP. 95: EL TAPADO

JOSÉ WOLDENBERG

El Tapado es el bueno, el sucesor, el próximo jefe, todo lo que se quiera, pero es producto de la voluntad de un solo hombre que removerá la capucha de alguno de sus más cercanos colaboradores, luego de lo cual será el mejor hombre para encabezar los destinos del país, pero nunca antes.

El Tapado es la fórmula paradigmática que de manera elocuente expresa la disciplina de la clase política, el expediente para evitar pugnas internas y desgarramientos innecesarios, un auténtico elemento cohesionador, la desembocadura del largo y complicado proceso por civilizar a las huestes y jefes que surgieron de la contienda armada.

El Tapado ha sido un hombre del círculo primero del Presidente, no se trata de un Don Nadie, sino de un hombre del gabinete, alguien visto —y mucho— pero puede ser nominado o no, que puede quedar congelado para siempre o descongelarse hasta convertirse en el Mero Mero.

El Tapado parece ser una institución madura del proceso institucionalizador de la Revolución.

Escanee para escuchar el episodio.

Woldenberg, J. (1995). El Tapado. En Florescano, E. (coord.). *Mitos Mexicanos*. México: Aguilar.

EP. 96-97: EL DÍA QUE MURIÓ AGUSTÍN LARA
EL INFORMADOR

El parte médico expedido por los doctores que atendieron al músico-poeta es el siguiente: «El señor Agustín Lara falleció a las 17:50 horas, a consecuencia de agotamiento, complicación bronquio pulmonar y paro cardiaco».

Del fallecimiento del genial músico jarocho fueron notificados inmediatamente tanto el presidente Lic. Gustavo Díaz Ordaz como el presidente electo de México, Lic. Luis Echeverría Álvarez, quienes desde que Lara fue internado en el Hospital Inglés diariamente se informaron por teléfono sobre el estado de salud del paciente.

El testamento de Agustín Lara no tiene nada de amoroso, a pesar de su amor por la mujer. El párrafo final de los apuntes biográficos publicados hace unos dos años, dicen: «Quiero que mis cenizas —si es que llego a tener cenizas, porque va a ser una cosa tremenda quemar tantos huesos— desaparezcan. Tengo muchos amigos pilotos y voy a pedirle a alguno de ellos que suelte mis cenizas sobre el mar, frente a Veracruz [...]. Y en cuanto a lo que produzcan —si acaso producen algo— mis pobres, mis tristes canciones, eso será para el Instituto de Cancerología de México. No puedo dar más: Soy pobre, y quiero morir como nací».

Su pasión: la música. Amores: su madre y las mujeres que amó y que lo amaron. Fortuna: su inspiración. Último deseo: sus cenizas al mar de Veracruz. Se pueden resumir así los 70 años y 23 días de vida de Agustín Lara, que se iniciaron el 14 de octubre de 1900 en Tlacotalpan, Ver.

Escanee para escuchar el episodio.

El Informador. (7 de noviembre de 1970). Un paro cardiaco puso fin ayer a la vida de Lara. *El Informador*. México.

EP. 98: BEBER UN CÁLIZ
RICARDO GARIBAY

Murió a las cinco de la mañana del sábado (sábado 9 de junio, hace tantos meses menos tantos días: conozco bien la cifra), aunque para mi manera de contar su dolor, de verlo, verlo, verlo, las cosas ocurrieron a lo largo de la noche del viernes, porque cuando salió la luz del sábado él estaba muerto.

Pero su tumba, digo, es un hecho ahora en una loma que divisa la ciudad como pedacería de espejos distante, una loma de aires que bajan continuos, que bajan ahora, las cinco en punto de la mañana de hace tantos meses menos tantos días [...], una loma que yo no he vuelto a ver, en la que hay varias tumbas, y en una, esto no tiene remedio, esto ya no tiene remedio —como lo sabía su esposa oyendo a Bach—, una cruz que dice el nombre de mi padre, y de verdad esto no tiene, no tendrá remedio.

Estos son tus cuatro hijos y tu esposa, que allí estaban. Te ibas. Don Angel dijo, a la noche siguiente: «Se va nuestro amigo y gran señor» —tu cuerpo había quedado delgadísimo, y el rostro de tu cuerpo, cercado con precisión por el sudario, era un alto relieve de ocho siglos labrado perfectamente—. Pero esto fue cuando ya no estabas aquí. Don Angel no vio cómo se iba su gran señor. Nosotros sí vimos. Vimos cómo la agonía apagó tu piel, te embadurnó con tiza y te hizo estallar en huesos.

Acabas de morir. Esta es tu cama. Estas son tus almohadas. Esta es tu cobija. Estas son tus manos. Tú construiste esta casa. Tú viste estas paredes y el raído sillón. Tú, tú, tú eres todo esto y acabas de morir, tú eras todo esto, tú eras, aquí estabas hace un segundo, hace un segundo moriste, ya no eres tú, nada más que tu cuerpo está sobre la cama. Caímos. Nos azotamos sobre nuestras manos. Aullamos. Ella rezaba con la misma voz, la misma voz de siempre para rezar, y no soltaba tu mano.

Escanee para escuchar el episodio.

Garibay, R. (1978). *Ricardo Garibay* [disco de vinilo]. México: UNAM. Colección «Voz Viva de México», VV-51/UNAM/277/278/1978

EP. 99: HISTORIA DE LA CERVEZA EN MÉXICO
MARÍA DEL CARMEN REYNA, JEAN-PAUL KRAMMER

El ingreso de extranjeros durante la colonia estuvo muy restringido, pero en los primeros años de vida independiente creció desmesuradamente. Los que llegaron durante esta época vislumbraron en América el lugar ideal para mejorar su posición económica y social.

Joel R. Poinsett provenía de una familia francesa de calvinistas y al llegar con su familia a Charleston, en Carolina del Sur, su tío estableció una taberna. En ese lugar llegó a conocer una gran variedad de bebidas alcohólicas, además de los diferentes procesos de elaboración. [...] Al conocer los procedimientos de su elaboración, no menospreció a sus anfitriones y al degustarlo con diplomacia comentó lo siguiente: «espumoso como champaña. Es sabroso. Humboldt mintió al afirmar que sabe a carne descompuesta». El estadounidense también expresó: «los ricos consumen una pequeña cantidad de vino y coñac; pero las bebidas comunes y corrientes del pueblo son el ron del país, el pulque y el vino mezcal, o sea el aguardiente destilado del maguey».

Con la llegada de las tropas norteamericanas en 1847, la creciente demanda de cerveza no pudo ser satisfecha. Una de las razones fue que las pocas fábricas en la zona del altiplano producían muy poca cerveza por depender de un irregular abastecimiento.

En los primeros años del siglo XX, en la ciudad de México existían más pulquerías que panaderías y carnicerías. De los 4610 comercios establecidos, casi 39 por ciento estaba dedicado a la venta de pulque. Si a esta cantidad se agregan las cantinas y tiendas donde se vendía vino, cerveza y licores, el porcentaje se elevaba a casi la mitad del total.

Escanee para escuchar el episodio.

Reyna, M. C. y Krammer, J. P. (2017). *Apuntes para la historia de la cerveza en México*. México: INAH.

EP. 100: LOS LIBROS DE TEXTO GRATUITOS
JAIME TORRES BODET

El 12 de febrero, tres días después de iniciar las tareas destinadas a elaborar el programa de mejoramiento de la educación primaria, el licenciado López Mateos firmó un decreto por el cual se creó la Comisión Nacional de los Libros de Texto Gratuitos.

Los profesores aplaudieron la idea, pero me expresaron múltiples dudas. Los hombres de letras me miraron como a un ser raro, que concedía incomprensible importancia a tan modesta literatura. [...] Algunos, ciertamente, me oyeron con más cautela. Parecían hallarse de acuerdo conmigo, aunque sin mucho convencimiento. El que se interesó desde luego por semejante empresa fue Martín Luis Guzmán.

El presidente aspiraba a más. «Todos son niños —me dijo— y todos son parte de nuestro pueblo». Se daba cuenta del sacrificio económico que ese nuevo esfuerzo requeriría. Pero firmó el decreto, persuadido del bien que haría a nuestra niñez. —«Eso sí» —me indicó, al observar el júbilo que me produjo su decisión— «deberá usted velar por que los libros que entregue a los niños nuestro gobierno sean dignos de México, y no contengan expresiones que susciten rencores, u odios, prejuicios y estériles controversias».

Aunque han pasado los años, los libros gratuitos siguen distribuyéndose. No me hago, al respecto, ilusión alguna. Lo sé muy bien: quienes reciben esos volúmenes ignoran hasta el nombre del funcionario que concibió la idea de que el gobierno se los donase. No obstante, cuando —al pasar por la calle de alguna ciudad de México— encuentro a un niño, con sus libros de texto bajo el brazo, siento que algo mío va caminando con él.

Escanee para escuchar el episodio.

Torres Bodet, J. (2017). *Memorias II*. México: FCE.

**Episodios de la historia de México
Tomo I**

Se editó en Tijuana, Baja California, en 2023. El cuidado de la edición estuvo a cargo de Mónica Morales Rocha y Pedro César Beas.

Made in the USA
Coppell, TX
01 May 2024

31886597R00100